朝日新書
Asahi Shinsho 753

ひとりメシ超入門

東海林さだお

朝日新聞出版

ひとりメシ超入門　目次

スペシャル対談

【前編】

駅弁は、ひとりでしみじみ楽しもう

東海林さだお・南 伸坊

〈東京都内の居酒屋で〉

孤独を恐れず、ひとりメシの真髄を追究するショージさん。
見るからに「おむすび」を愛していそうなシンボーさん。
二人のなにげない言葉が人生の道しるべになる、こともある。
メシは噛まなきゃ始まらない。
はたしてトークはうまく噛みあうのか――？

ラーメンも
電子レンジで「チン！」

東海林　伸坊さん、昼メシはどうしているんですか。
南　事務所で食べます。カンタンな弁当とか。外食はほとんどしません。
東海林　コンビニの弁当？
南　いや、コンビニは牛乳買ったりバナナ買ったり。
東海林　僕は、メシはほとんどコンビニの〝チンもの〟です。電子レンジで「チン！」って。ラーメンもあるし、チャーハンもあるし。

南　アハハ、〝チンもの〟っていいですね。

東海林　電子レンジって二十世紀の大発明です。あれは誰が発明したんだろう。あんまり「誰が」という話題は出ないよね。エジソンの電球の次ぐらいの価値があります。

南　そうですね。分子がどうとかって……カッキテキな……。

東海林　火がない。炎がない。それでもあったまる。

南　最近のコンビニのおにぎり！　すごく進化したんですね。驚きました。

東海林　そう、お米も選んでるし。どこも切磋琢磨。インスタントラーメンもおいしいのがあります。セブン‐イレブンの冷凍ラーメンはいい。しかも〝チンもの〟で。

南　回転ずしも。企業努力ってバカになんない。

東海林　みんなの口もうるさくなってきた。だけど、コンビニのおにぎりは一個百二十円ぐらい。回転ずしは一皿百円から、百五十円とか二百円。でも、比べるとおにぎりのほうが絶対に有利です。

南　アハハ、有利（笑）。

東海林　そう、おにぎりの勝ち。伸坊さん、ふだん朝メシは？

南　ふつうの昔ながらの朝ごはんで、お新香があって味噌汁があって……。

南 伸坊（みなみ・しんぼう）

1947年、東京生まれ。イラストレイター、装丁デザイナー、エッセイスト。東京都立工芸高等学校デザイン科卒業。漫画雑誌「ガロ」の編集長を7年ほど務めたのち、フリーとなる。第29回講談社出版文化賞ブックデザイン賞を受賞。路上観察学会の結成に参画するなど旺盛な好奇心を持つ。古今の有名人になりきる「本人術」にも挑戦する。『歴史上の本人』『私のイラストレーション史』『ねこはい』『生きてく工夫』など著書多数。交友関係の広さで知られ、東海林さんとも旧知の仲。

東海林　シャケの焼いたのとか焼きのりとか？

南　納豆とか……。朝がいちばんちゃんと食べます。

「ひとりメシ」は最近ちょっと……

えっ？　困ったなァ

東海林　お酒は毎晩飲む？

南　はい、毎晩飲みますけど、家で。そんなに量は飲まないです。

東海林　外へ行って飲むというのは？

南　ほとんど外には行かなくなっちゃいました。東海林さんの場合は仕事場に泊まられたりします？　僕は仕事場にはいっさい泊まらないんです。

東海林　毎日うちに帰って晩メシ？

南　ええ。時間になると仕事やめて、うちに帰るとメシの支度ができてて、つまみを食いながらビール飲むという感じです。

東海林　ひとりで居酒屋に入って、酒とうまいつまみ、なんていうことはないんだ。

南　ないです。

東海林　えっ、ないの？

南　まずいですよね、対談的に（笑）

東海林　困ったな、ゲスト間違えちゃったかな（笑）。

南　一応、考えたんですよ、でも東海林さんに会えるからなァって（笑）。アノ、昔はありました。ひとりで知らない居酒屋に行くことも。

東海林　少し安心した（笑）。みんなあるよね、知らないバーとかスナックとか、ちょっと寄ってみようかなっていう冒険心が。だけど、僕も今ああいう無謀さはないですね。

ときどき新しい店を開拓しなくちゃと思って、店の前をしきりに行ったり来たりするんだけど、そう思いながら十年たってしまったとか（笑）。

南　十年!!　すごいですね（笑）。

東海林　店のおもてに気に入ったメニューがあって、ちょっとのぞくと客層もそんなに悪そうに見えない。「じゃ、一人で入ってみようかな」と思いつつ、また三年とか（笑）。

南　開拓したいっていうのは、新しい味とか、めずらしい体験を求めて？

東海林　いつものあの店に行くとあれが出てきて……ってマンネリになるでしょ。つまらないから新しい店を開拓しようと思うんですけど、大変なんですよ、開拓して馴染みになるというのは。相当年月が必要。昔はそれを乗り越える情熱があったんだけど。常連ばっかりのところに行って紛れ込むって、考えただけで大変ですよ。

南　どういうところが大変なんですか。

東海林　店に入っていって、まず、どのいすに座ろうかと。

南　ああ、正しい場所が……。

東海林　まあ隅っこですね。そうすると常連がいっぱいいて、ジロッと見られる（笑）。大きい居酒屋だと、たいていサラリーマンが三人とか四人とかで来てるでしょ。ひとりで行くと目立つんですよ。女子店員も「あの人、友だちがいないんだな。みんなに嫌われてるんだ」と思ってるんじゃないかとか、余計なことを考えちゃう（笑）。

南　アハハハ。

東海林　どう振る舞えばいいのか非常に難しいよね。「友だちいるんだよ」ってところを示したい。「いるんだけど、今日はひとりだかンな」って（笑）。

南　年とってくると、なんかどうでもよくなってきませんか？

東海林　いやいや、そんなことないですよ。

南　それがすごい。そうじゃなきゃあんなふうに描けないですね。漫画とかエッセーとか。「若いサラリーマンだったらこう考えるだろうな」っていうんじゃなくて、東海林さん自身が、もうまんま若いサラリーマンなんですね。

東海林　伸坊さんがサラリーマンをしたのは何年くらい？

南　青林堂って出版社で、7年です。東海林さんはサラリーマンしたことないのに、ごく自然にサラリーマンの見方になってる。今でもそうですね。

東海林　姿勢と考え方が同じなのかな。何歳になっても。

南　牛丼屋なんかにもひとりで行かれるんですか。

東海林　行きます。吉野家もそうだけど、たいていの牛丼屋ってカウンターがコの字になってて、丼かかえてると、ときどき向こうの人と視線が合うんですよ。なんか「見たな」って感じになって、お互いに（笑）。牛丼だからそう思うのかな。

南　ものを食うって、恥ずかしいとかいいますね。

東海林　そこの問題になります。本来、恥ずかしい行為だからエチケットというものが生まれたんじゃないですか。オオカミみたいに、肉をガツガツ食らうというイメージをなるべく与えないというのがエチケットだから。

南　ひとりだとそうですかね。でも、連れがいたら「一緒に楽しもう」ってなって、ほかの人は関係ないという気分になりますけど。

東海林　本来恥ずかしいことで、なるべく隠そうとする。だから大食い大会なんか不思議ですね。うどんを口から垂らしたりして、その恥ずかしい行為を隠さない。ふだんはみんな抑制している行為です。その抑制を全部取っ払っちゃう。あれは見世物小屋の演し物ですね。

南　昔、電球一個、食べちゃったりするのをテレビで見たな（笑）。

東海林　気持ち悪いね。へび娘なんかもいたなァ。でも、最後までついに登場しないのね（笑）。

最後にカツを食べよう。ところが――

東海林　駅弁はどうですか。駅弁っていうのもひとりメシですよ、大体。

南　僕は美学校で赤瀬川原平さん（画家・作家）の生徒だったんですけど、後輩に久住昌之君というのがいて……。

東海林　ああ、漫画家で『孤独のグルメ』の原作者。

南　久住君がいちばん最初に漫画の原作を書いたのが『夜行』っていうんです。トレンチコートに中折帽のハードボイルドの探偵みたいのが主人公で、夜行列車に乗って、駅弁を買ってふたを開けるところから漫画が始まる。何から食べようか熟考して食べる順序を決めるんです。最後にこのカツだなって決めてたんだけど、いよいよとなってひと口いったらそれがカツじゃなくて、えーと何だったかなあ……。

東海林　そこが大事なところなのに（笑）。

南　えーと、えーと、あっ、タマネギだった。

東海林　タマネギ？

南　タマネギを切って、半月形になったのに衣をつけて揚げてあったんです。

東海林　「トンカツだぞ」という顔をしてたんだ、タマネギが（笑）。

南　それで計画が全面的に総崩れになっちゃうという話なんです。なかにし礼さんとたまたまテレビの仕事で一緒になって、楽屋で弁当食いながら今の漫画の話をしたら、なかにしさんムッチャクチャ興味示されて、「僕もそうだ！」って言うんです。「キミもそうでしょう？」って聞かれて、「いや、僕は全然ズサンで……」って答えたら、ものすごく失望されてました（笑）。

東海林　つらいね、合わせたいよね、話を。

南　そう。今日も、冒頭から窮地に……（笑）。

東海林　おいしいものはあとで、という人と、先に食べちゃう人がいますね。伸坊さんはどっちですか。

南　それも決めてないほうです。なんとなくいっちゃうんですよねぇ。最近、うちでよく叱られるのは、「最初に青もの！」って。

東海林　野菜ね。

南　世の中的にそうですね。それをいつも忘れるもんで、そのとき目についたものを食べちゃう。最初に青ものを食べると体にいいって言うんですよ。

東海林　インシュリンの出を抑えて、血糖値が上がらないとか。そんなこと考えないよね、食べるときに（笑）。

南　東海林さんはどうですか。

東海林　僕は貧乏性だから、おいしいものはあとで。お百姓さんの発想（笑）。

南　お楽しみは最後にとっておくんですね。大事なものにいきなり行くというのは、むしろ少ないでしょ。

東海林　それで安心した。大事にとっておくと、みみっちい人に見られるんじゃないかと恐れてたけど（笑）。ただ、手順をしっかり踏む人って小者。大人物じゃないね。

大西郷は、大人物か？　「味噌は？」って言えばいいのに

南　大人物っていえば、西郷隆盛が山の中で百姓家に入って行って、おばあさんに味噌汁をふるまわれるんですけど、その味噌汁、味噌がまだ入ってないんです。西郷さん、

何も言わずに飲んで、そのあとに弟の西郷従道が来て同じものを飲まされて、「ペッ」って吐き出したって話。「何だこれは！」って。

東海林　西郷隆盛の世間の評価は高い。大人物。大人物は大ざっぱ。

南　悪いと思ったんでしょうね、おばあさんに。西郷さんだってまずいんだけど、せっかく出してくれたんだからって黙って平らげた。

東海林　ああ。そういう考え方もあるか。だけど、一言「味噌入ってないな」って言えばいいのに。

南　そうです！　僕も大人物はお断りです（笑）。

松本清張にプラスチックのお茶は似合わない

東海林　駅弁に話を戻すと、駅弁はみんなで食べるものじゃないね。ひとりでしみじみ食べるもの。

南　旅情と一緒に……。

東海林　僕、電車に乗ってボックス席でひとりで駅弁を食べてたら、途中で女子大生らしき三人に座られちゃって、取り囲まれて気まずかった（笑）。三人でピーチクパーチクやりながら、当然チラッ、チラッとこっちを見る。

南　「あ、シャケ食べた」

東海林　最初はちょっとうれしかったけど、そうなると最悪の状態（笑）。

南　アハハ、計画が台無しですね（笑）。

東海林　駅弁ぐらい楽しいものはないですね。東京駅ですごく売れてる。百種類以上あるんじゃないかな。毎年お正月、新宿の京王百貨店で全国の駅弁の大会みたいなのをやるけど、ごった返してますよ。

南　旅行と駅弁ってセットになってます。

東海林　非日常の楽しみですね。駅弁を買ってうちで食べてもおいしくない。

南　「峠の釜めし」（群馬）なんかは、入れものが……。

東海林　持って帰ったあと、その益子焼の容器をとっておいてね。捨てられないんです。でも、結局使わない。流しの下に何個もあったりして（笑）。

南　植木鉢に使う（笑）。

東海林　あれはたしかお新香が別添えでつきますね。プラスチックの容器に入って、これが完璧なお新香。ゴボウとキュウリとナスと小梅……。まさに究極のお新香。

南　前に横浜でシュウマイ買って、友人と二人でつまみにして飲んだんですけど、シュウマイが三列ぐらい並んでて、適当に取って食べたら、「あ、俺の列」って（笑）。言われたことあります。

東海林　崎陽軒の「シウマイ弁当」（横浜）は、あれこそ駅弁の完璧な姿じゃないですかね。シュウマイの個数とか、ごはんの量とか、理想的。たしかアンズが入っていた。

南　シュウマイだけ詰まってるやつは、ひょうたんみたいな形をした瀬戸物の醤油入れがついてて、あのひょうたんに横山隆一さんが顔を描いてたんです。

東海林　ああ、そうだそうだ。

南　泣いてる顔、笑ってる顔、何種類かある。いいんですよねぇ、あの絵が……。

東海林　昔、土瓶みたいなのに入ったお茶を売ってましたね。針金の取っ手がついて。

南　ふたがかぶせてあって、それが茶碗になった。あれもうちに持って帰ってきて、結局使わないいんだけど、とっておく（笑）。

東海林　そのあとプラスチックになりましたね。お茶のティーパックが入ってる。

南　はっきりプラスチックの匂いがする。

東海林　ああいうお茶は絶滅したのかな。ちょうど窓枠のところに乗っかる。でも、松本清張のドラマとか映画は土瓶じゃないとダメですね。プラスチックは似合わない。

すきっ腹をかかえ、命からがらひとり旅

東海林　仲坊さんは、ひとりで、どこか遠くへ出かけるっていうことは……。

南　ないです。

東海林　やっぱり（笑）。

南　あまりにもないんで笑われるんです。つげ（義春）さんの漫画とか、ひとりでフラリと旅に出たりするじゃないですか。実はマネして一回だけフラリとひとり旅したことがあります。総武線の沿線に住んでたころ、両国から出る列車があって、「これに乗ると千葉の先のほうに行けるんだな」と思ってふらふらと乗ったんです。

東海林　ふらふらと、気の迷い？

南　ところが箱（車両）の中にどんどん人がいなくなって寂しくなってくるんですよ。とうとう自分ひとりしかいなくなった。賑やかなところで降りてそこで宿探して泊まろ

うと思ってたら、「次は行川《なめがわ》アイランド」って言うんです。アイランドなんてなんか賑やかそうだなと、ヒョイって降りちゃった。

東海林　観光地ですね。

南　ところが、フラミンゴ放し飼いにしている遊園地があるだけで、駅前は原っぱでなんにもなし。帰る電車もない。原っぱの中に電気がこうこうとついた一軒家がある。

東海林　夜になっちゃったの？　うちを出たのは、いったい何時ごろなんですか。

南　昼下がり、いや夕方近くですか。そこがなんと！　タクシー会社なんですよ。助かった！　と思ったんだけど、誰もいない。キツネのタクシー会社かと思ってたら、いきなり後ろから「誰だ！」って咎められて。あわてて「宿があるところまでタクシー」って言ったら、「運転手がいない」って。結局時刻表を調べてくれて、「東京方面に行く臨時電車が一本だけある」。それに乗って帰ってきた。

東海林　なにか美味しいものは食べましたか？

南　いいえ、命からがら、すきっ腹かかえて。これ、ひとり旅ですか？（笑）。

東海林　ふーん、迷子かな。単純に「ひとりで旅に行ってみよう」と思ったわけね。ささやかな冒険心。そう思ったのは、後にも先にもその一回だけ？

南　はい、もうコリゴリ（笑）。

東海林　そのたった一回だけのひとり旅に懲りて、もう二度とひとり旅はすまいと……。それはいくつぐらいのときですか。

南　青林堂で『ガロ』の編集をしていたころですから、もう40年以上前ですね。

つげ義春さんは何を食べていた？

東海林　考えてみたら、つげさんはひとり旅の名人ですね。どこでもひとり。

南　そうです。なるべくさびれたところに行きたいみたい。

東海林　そういうときの彼の食事なんか調べたらおもしろい。何を食べてたんだろうね。

南　つげさんの『ゲンセンカン主人』とか『長八の宿』とか旅の漫画にも、何を食べたかというのは出てこないですね。印象にない。つげさん、食べることにあんまり興味なかったかもしれない。

東海林　ひとり旅が似合う人と似合わない人がいますね。

南　ひとり旅が似合う人は、ちょっとモテたりしそうです。

東海林　そうかな。嫌われるんじゃない？（笑）

南　出かけた先で女の人と知り合うって、同行者がいたらダメですよ。

東海林　ひとりじゃないと展開がない。

南　ひとりでバーのカウンターの端っことかで静かに飲んでると、気になって話しかけられるという展開もあるかもしれないし。

東海林　あるいは、割烹着を着た和食屋のママがいて、それが未亡人。そういう展開も悪くない（笑）。

南　未亡人かどうか、わかりますか。

東海林　最初はわからない。いろいろ身の上話をしてるうちにわかる。次第に向こうから身を乗り出してきて。男のひとり旅って、いいですね、とか（笑）。

南　言われるわけですね（笑）。

東海林　だけど、必ずそういうことにはならない（笑）。列車に乗ると四人掛けのボックスが空いてて、座ったらやはり一人旅の若い女の子が来て……。

南　「ここ、よろしいですか？」

東海林　「空いてますからどうぞ」。何十回、旅行してもそういうことは一回もない（笑）。

南　でも、もしもそうなったら？

東海林　「私はけっして怪しいものではない」と。

南　「孤独が好きで……」

東海林　「ああそうですか」で終わっちゃう（笑）。

南　そういうことがうまくいく人は、飛躍があるんですね。つげさんの漫画でも、『ゲンセンカン主人』とか、「混浴はいやですよ」なんて言いながらお風呂でばったり未亡人のおかみさんと一緒になる。で、突然、男が……。

東海林　そういう漫画？　で、どうなるの？

南　未亡人びっくりするんだけど、湯気で窓ガラスの曇ってるところに「へやで」って書くんです。

東海林　そのへんが文学的だなァ。思いつかない。そこまで行くと成功しましたね。

南　しました（笑）。女の人も、ひとり旅のとき、そういう期待してますかね？

東海林　問題はそこです（笑）。「ひとりメシ」からどんどん話がそれちゃったけど（笑）。

（159ページの［後編］に続く）

初公開！

ひとりメシ十則

一、定時運行　炒飯もラーメンも「段取り」あってこそ

二、個性重視　レンコンを嚙み切る歯の喜びを思う

三、初志貫徹　ただの「思いつき」をハゲシク実行しよう

四、定説打破　ラッキョウ好きの怪しさをとことん考える

五、常在戦場　逆上、アセリを最高の友とする

六、談論風発　ひとりなのに、心の中で大論争を起こす

七、独酌独歩　いじいじ、いそいそ出かけるべし

八、一所懸命　小さなことほど、おろそかにしない

九、油断大敵　ジョーシキの裏に、うまいものあり

十、肉食万歳　なんだかんだで、やっぱりお肉だ！

一、定時運行

——炒飯もラーメンも「段取り」あってこそ

スープ炒飯の矛盾

大抵の人は食べ物を目の前にすると、無意識のうちにおおよその計画を立てる。

着手、進行の手順を何となく考えている。

ラーメンだったらまず最初に麵をズズッと一口すすり、更に二口、三口とすすって次にスープをゴクリと一口、また麵を二口、三口とすすってからおもむろにチャーシューを一かじり、といったような手順。

この手順はラーメンを長年食べているうちに自然にその人のスタイルとなって定着する。

炒飯だったら話はもっと簡単で、なにしろ相手は炒飯だけだからまず炒飯を一口。二口目も当然炒飯、三口目も炒飯、そうやって四口目、五口目と食べたあたりで急にスープが欲しくなる。

そこでスープに手が伸びる。

この〝五口目のあとのスープ〟が思いがけずおいしい。

〝五口目のあとのスープ〟を飲みこんだあと、誰もが、あー、何ておいしいんだろうこの

入れるよ入れるよ
イヒヒヒヒ
出来上がったばかりの炒飯

スープ、と感に堪えないようにつぶやくはずだ。そしてしみじみその喜びにひたる。

これです、これなんです、炒飯の魅力は、と誰もがしみじみするから、そのあいだ食事の手がとまるひとときがある。

口の中が油っぽくなったところに、熱く、香り高く、スルスルと口の中を通過していくスープ。

ラーメンのスープとほとんど変わらない種も仕掛けもないスープが、種も仕掛けもあるスープのように思える。

いまではあたりまえのことになっている、炒飯には必ずスープを付ける、ということを考えついた人は凡庸の人ではないと見た。

炒飯の楽しさの⅓ぐらいは、このスープの楽しさである、と言っても言い過ぎではないと思う。

ですよね、と、ここで念を押しておく。

先日、ＪＲの有楽町駅の近くに用事があって、ガード下の通りを歩いていたら、広東料理「慶楽」の看板が目に入った。

ちょうど時分どきだったのでここで食事をとることにした。

「慶楽」はスープ炒飯で有名な店だ。

ここで驚いてくださいよ。

ナニ？　スープ炒飯！と飛び上がってくださいよ。

いいですか、炒飯は、炒飯とスープが別々の容器で出てくるものなのだが、ここのスープ炒飯は炒飯にスープをダブダブとかけてしまうダブダブ炒飯なんですから。

炒飯は強火の上で中華鍋を何度も何度もあおって、飯粒の中の水分をいかに飛ばすかが勝負の料理なのに、そうやって出来上がった炒飯に、あろうことかスープをかけちゃう。

いいのかそんなことして、と言われても、いいんです、と言ってかけちゃう。

十数年前にぼくはこの店のスープ炒飯を食べたことがあるのだが、いまはそれがどんな形状のものだったかさえ思い出せない。

そうだ、いいチャンスだ、食べてみようと思った。

注文を取りにきたおばさん（ここはなぜかおばさんばっか）に、「スープ炒飯」と告げ、その到着を待っている間にも、スープ炒飯を注文する声があちこちから聞こえてきて、その人気のほどがうかがえる。

「おまちどおさま」

と、さっきのおばさんがスープ炒飯を目の前に置いた。

スープ炒飯は深い丼に入っていて、炒飯は山の形に盛られており、その頂上がすっかり水没するほどの量のスープが注いである。

それを目にした瞬間、思わず立ち上がって、

「何てことをするんですかッ」

と、そのおばさんに言いそうになった。

「やられた」

とも思った。

急に被害者の心境になった。

改めて、水没して湯気を上げているスープ炒飯を見る。

炒飯に対して長年培ってきた着手、進行の手順が音を立てて崩れる。

とりあえずレンゲをそのスープ入りの炒飯に突っこむ。

当然のことながらスープといっしょの炒飯がレンゲにのり、それが口の中に入ってくる。

一口食べ、二口食べ、三口、四口となって五口目を食べたところで、さて、あの至福の〝五口目のあとのスープ〟を、と思ったのだがそのスープがない。

いや、スープはちゃんとあって、一口目からずっと飲んでいて、いま、その〝五口目のあとのスープ〟もすでに口の中に入っていて、うん、これでいいわけなのだが、純粋な意味での〝五口目のあとのスープ〟とは言い難く、だから純粋なほうを飲みたいと思ってテーブルの上を見回しても見当たらず、うん、いまちゃんと口の中にあるからこれでいいのだ、と思い直し、しかし、と思い、頭の中は大混乱。

そのあとも、五口目ごとに体がスープを求め、テーブルの上を見回し、ないわけではなくてちゃんと口の中にあるんだよ、と自分に言いきかせ、何かと気忙《きぜわ》しい食事となったのだった。

食べ終えて口を拭いながらつくづく思ったのは料理人の心境だった。

強火の上で何回も何回も中華鍋をあおり、これで水分充分飛んだな、と思って器に盛り上げ、そこにスープをダブダブと注ぎ込むときの心境である。

苦労が水の泡、と思うのか、やってらんないよこんなこと、と思うのか、ザマーミロ、という加虐の心境なのか。

温泉卵のゆるゆる

卵をどういう方向へ持っていって食べるか。

人はそのことを楽しんできた。

硬い方向か、ゆるい方向か、その中間か、あるいはそのままか、崩すのか、展開させるのか。

硬い方向なら茹で卵、ゆるい方向は半熟卵や温泉卵、展開ならば目玉焼、崩すならばスクランブルエッグ、オムレツ……。

どれもこれも魅力に満ち、ここには一長一短という言葉は当てはまらない。

そうした中で、〝ゆるい方向〟が一番奥が深いような気がする。

ホテルの朝食で、エッグスタンドにのって出てくる半熟卵は、「三分茹で」「三分半茹で」とこまかく注文できるほど奥が深い。

半熟卵もそれなりにおいしいと思うが、ぼくは〝ゆるい方向の雄〟は温泉卵だと思う。

温泉卵には、半熟卵にはない風情がある。

小ぶりな器の底に、わずかな出しのツユを尻に敷いて沈んでいるぶよぶよの白い物体。箸の先で押せばゆるるんと揺れる。

まるで揺らしてくれるのを待っているように見える。

だから温泉卵を食べるときは、一度箸の先で揺らしてやってください。

温泉卵は白身が少し乱れているところがいい。

スーパーなどで売っているのは、割ったとき白身が少しも崩れずに、コロンと落ちてくる。

こういうのはダメ。

割ったとき白身が少し崩れてドロリと落ちてこなければダメ。

寝乱れ姿というんですか、白い裾が割れて黄身がほんの少し見えているところに風情がある。

揺らしたあと、箸を卵のまん中あたりの両側にあてがってください。

そうして静かに箸をせばめていく。

ああ、白い絹をまとった黄色い裸身が、いま、身もだえながらまっぷたつに割れようとしている。

ああ、いま、まっぷたつに割れた。

割れてジワリと黄身があふれ出た。

なんという官能的な光景であろうか。

これほどのまっぷたつ感を味わえる食べ物がほかにあるだろうか。

ここにおいてぼくは、温泉卵を〝まっぷたつの雄〟と呼びたい。

つい先日、何人かで温泉に泊まったとき、ぼくの隣の人が、温泉卵の器をいきなり口のところに持っていってツルリと飲みこんでしまった。

「バカモノッ」

と、ぼくは思わず叫んでしまいましたね。

そうしたらそいつは、

「エ？　わたしはいつもこうしてますけど」

と怪訝《けげん》な顔をしている。

わたしはスプーンでいただきますのよ
許さん！・箸！

こういう人は、まっぷたつのヨロコビを知らずに死んでいくのだ。

まっぷたつにするからこそ、割れてくずれたところに出し汁がよううく混じり込む。

出し汁が混じり込んだゆるゆるの白身がゆるゆると舌の上を通り抜け、やや遅れ気味に黄身がねっとりと舌にまとわりついてくる。

黄身のねっとり白身のゆるゆる、これが茹で卵と同じ材料かと疑ってしまうほど、その食感に違いがある。

不思議なことに、温泉卵はお醤油で食べると驚くほど貧しい味になる。

出し汁でなければ絶対にダメで、出し汁がなければ市販の蕎麦ツユでもいい。

ぼくはときどき、生卵かけゴハンならぬ温泉卵かけゴハンを作って食べるのだが（おいしいよー）、お醤油だと実につまらない味になってしまうので、よーし、作って食べてみようと思った人は、くれぐれもそこんとこよろしく。

温泉卵かけゴハン用の温泉卵はかなりゆるめでなければならない。

この作り方は実に簡単で天丼やカツ丼用の丼で作る。

丼に沸騰したお湯（必ず沸騰）をたっぷり入れ、そこに室温の卵（必ず室温）を一個入れ（必ず一個）、フタをしてそのまま五十分おく。

そうすると温泉卵かけゴハンにどんぴしゃの温泉卵ができる。

この方法の泣きどころは時間がかかることだ。

うずらの卵の温泉卵もおいしいのでぜひおすすめしたい。

こちらは丼に五個入れて約二十分。

ふつうの卵の温泉卵が〝まっぷたつのヨロコビ〟ならば、こちらは〝丸ごとツルリのヨロコビ〞だ。

まっぷたつのヨロコビも考えられないでもないが、そうなるとヨージかなんかを用いなければならず、それをあやつる技術も必要になってくる。

温泉卵はどういう人たちに好まれているのだろうか。

温泉卵はなんとなく高級感がある。

目玉焼より、卵焼きより、茹で卵や半熟卵より高級な感じがする。

なんだか料亭の料理に出てきそうな感じがあるが、料亭の料理にはまず出てこない。

ホテルの料理にもまず出てこない。

だが確かな高級感がある。

上品な感じもあり、上品なおばあさんが食べていると似合うような気がする。

若い男は似合わない。

おじさんも似合わない。

だけど温泉街に行くと、大広間でおじさんたちが浴衣の裾を広げ、毛ずねを見せながらいっせいに温泉卵をすすっている光景を見かける。

あれはどう解釈したらいいのだろう。

釜飯ごっこ

エート、どういうふうに話を進めていったらいいのかな。

エート、うん、そう、〝本来の方式〟ということで話を始めます。

本来の方式ったってむずかしい話ではなく、たとえばビールね、居酒屋なんかでビールを頼むと、ビールビンとコップがやってくる。

で、ビールビンからトクトクとコップにビールをついでそれを飲む。

これが本来の方式。

一方、沖縄あたりに行くと、米兵が集まるバーなんかではみんなビールをコップにつがないでビンからじかに飲んでいる。

あり、なんですねこれも。

正式ではないが、あり。

ここから急に話は今回のテーマの釜飯になります。

釜飯屋で釜飯を頼む。

すると、釜飯とごはん茶わんとおしゃもじと、あと、味噌汁とかお新香をのせたお盆がやってくる。

しゃもじでもって釜の中のごはんを掻きまわし、適量を茶わんによそって食べ始める。

これが本来の方式。

だけどこの本来の方式、ぼくは嫌いなんです。

掻きまわさず、よそわず、釜からじかに食べたい。

そのほうがずっと楽しく食べられる。

だって釜飯は色とりどり

の具を、ごはんの上にきれいに並べてあるわけでしょう。

具体的に五目釜飯で話を進めると、まん中に赤い海老が一匹、その横に緑のきぬさや、黄色いギンナン、黒い椎茸、白いうずらの卵、鶏そぼろなどが色どりよく並べられている。

ぼくとしてはビールを飲みながら、これらの一つ一つをビールのおつまみとして食べていきたい、そのあいまあいまにその下の味つけごはんを味わいたい、色とりどりの景色もときどき楽しみたい。

それなのに掻きまわしてしまったらどうなります。

めちゃくちゃじゃないですか。

具は各所に散らばってしまって、たとえばここで鶏そぼろをひとつまみビールのつまみとして食べたい、と思ってももはやまとめることができない。

釜飯の楽しいところは〝のぞき食い〟にある。

釜飯は入口のところが狭く、底がかなり深い。

そのため一口食べて目を離すと、もう中の景色がどうなったかわからない。

そこでのぞきこむ。

おう、ギンナンそっちへ行っていたか、海老そこへ隠れたか、なんてのぞきこむたびに景色が変わっている。

食べ進んでいくうちに中はどんどん深くなっていって、だんだん洞窟探険みたいになって、のぞきこむ姿勢もどんどん前のめりになっていくところが楽しい。

搔きまぜて茶わんによそってしまったら、いま述べた楽しみのすべてがなくなってしまうではないか。

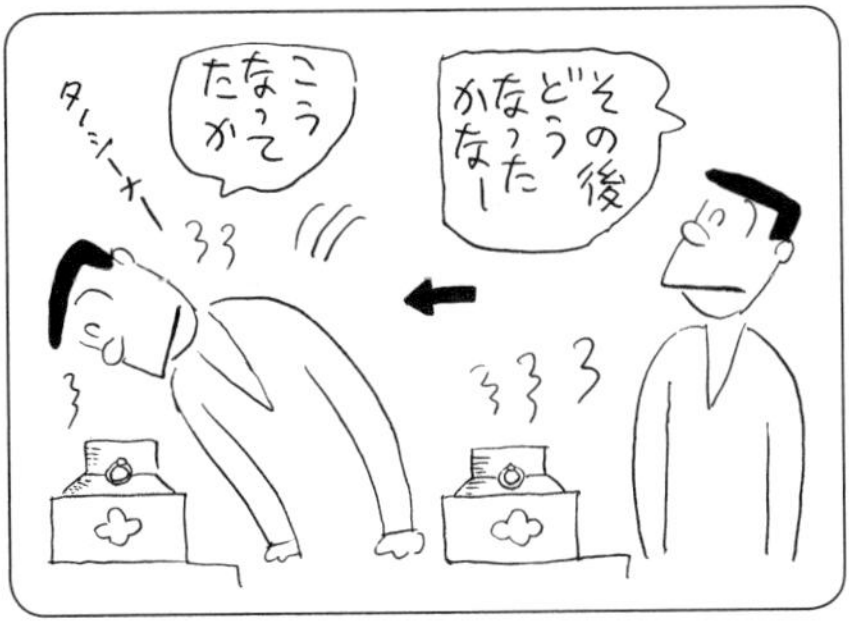

そういうわけなので、その日は意気込んで釜飯屋に行ったわけです。

搔きまぜないで、よそわないで、釜からじか食いをしよう、そう堅く決意して釜飯屋に入って行った。

そしてビールと釜飯を頼んだ。

しばらくして女店員が釜飯セットを運んできた。

運んできてそのセットをテーブルに置くと、女店員は、

「よく搔きまわしておめしあがりください」

と言ったのである。

声には出さないが「エッ？」となった。

エッ？　それはなにか、命令か、教育的指導か、言いつけか。

いずれにしても、別に悪いことをするわけではないのだから最初の方針どおり釜からじか食いをしよう、そう思ってとりあえずビールをコップについで飲んで、さて、と、釜飯にじかに箸を突っこもうとしたとき、いったん去って行った女店員がこっちへやってくるのが見えた。

客がちゃんと言いつけを守っているかどうか見にきたのだろうか。

ぼくのテーブルの横を通過するとき、ぼくの釜飯をチラと見た。

その女店員はポッチャリした可愛い子であった。

ぼくとしてはその女店員に気に入られたいのであった。

ぼくがこれから最初の方針どおりじか食いをすると、それはその女店員に反抗したことになる。

自分に反抗する客を女店員は心よく思うだろうか。

すなわちぼくはその女店員に嫌われることになる。

このときぼくはどちらかに踏ん切りをつけるべきであったのだが、踏ん切りがつかないまま、とりあえず箸の先で釜飯の表面を軽く撫で、掻きまぜたような、掻きまぜてないような、どっちつかずのまま海老を口に入れるのであった。

それから周りを見回し、女店員が遠くにいるのを確かめてから大急ぎで椎茸とその下のごはんを口に入れるのであった。

それからまずいことが起こった。

いったん遠くへ行っていた女店員が戻ってきて、ぼくのテーブルの正面、およそ二メートルほどのところにこちらを向いて立った。

そこは厨房の出入口で、そこがその女店員の定位置であるらしかった。

そこから先は苦難の道であった。

釜飯の上を少しだけ掻きまぜ、女店員の様子を常に上目づかいに窺い、彼女が横を向いたすきに大急ぎでほじって食べ、釜飯の表面をまた少し乱し、乱し過ぎたかなと少し戻し、釜の中はヘンにぐちゃぐちゃになってなんだかもうわけがわからなくなったのでありました。

やきそば牛丼の恩愛

ふつう食事というものは、遅滞なく、なめらかに進行していくもので、特に丼物はその傾向がつよい。

なにしろかっこんで食べるものであるから、遅滞の余地などどこにもない。

……はずなのに、食べていて遅滞につぐ遅滞の丼物もあるということを、このたびつくづく知らされたのであった。

かっこむどころか逡巡につぐ逡巡、いちいちつっかえる。

牛丼チェーンの「すき家」が、「やきそば牛丼」というものを始めたというので、

「そいつは面白そうだ」

と思って、駆けつけるというほどではないが、まあ、そんな感じでわりに早足で「すき家」に向かった。

やきそば牛丼というのは、牛丼の上に焼きそばをのせただけのものだという。

つまりこれは
焼きそばと
牛丼が丼を
ルームシェア
してるって
わけね
すき家は
女性客も
多い

ただそれだけのものなのだが、牛丼が舐められているところが面白いと思った。

同じ丼物でも、天丼の上に焼きそばをのせる、かつ丼の上に焼きそばをのせる、親子丼の上に焼きそばをのせる、という発想はまず浮かばない。牛丼なら何をのせたっていいや、と、牛丼は舐められたのだ。

そんな立場の牛丼が、どんなふうに舐められているか、ヤーイ、ヤーイ的な気持ちで出かけて行ったのだが、どうしてどうして、これがとてもむずかしい食事になった。
うちの近くの「すき家」は、店員に口頭で伝える方式なので、椅子にすわり、
「やきそば牛丼」
と、なめらかに言った。
ここまではなめらかであった。
目の前にやきそば牛丼が置かれた。
上が焼きそば、下が牛丼。
それを見ながら箸を取り上げる。
ここから逡巡が始まった。
まず何をどうすべきか。
このまま箸を下ろしていけば、当然焼きそばに突きあたる。
突きあたるから、それを拾い上げて口に持っていく。
それでいいのか。
ま、そのようにしたとしよう。
その次はどうすべきか。
また箸を下ろしていけば、また焼きそばに突きあたる。

それを拾い上げて口に持っていく。
それでいいのか。
よくないだろう。

よくないならば違う手を考えなければならない。

下に埋まっている牛丼に手をつける、というのが、誰もが考える次の手であろう。

だが、そうするには、上にのっかっている大量の焼きそばを脇によけなければならない。

そのようにすると、丼から焼きそばがこぼれ落ちる恐れがある。

もう一回焼きそばを食べて少し空き地をつくり、そこから下の牛丼をほじり出す。

うん、これだな。

まてよ。

このやきそば牛丼は、上の焼きそばと下の牛丼の境界線が曖昧で、両者が入り混じっている部分があるはずだ。

そばめしは両者をまぜこぜにして炒めた食べ物である。

境界線のあたりをほじり出し、そばめし風にして食べる。

まだ一口も食べていないのである。

ええい、こうなったら面倒だ、最初に上の焼きそばを全部食べてしまい、そのあと下の牛丼を食べる。

それはそれでいいかもしれない。

しかし、それでは、

「やきそば牛丼を食べにきた」

のではなく、

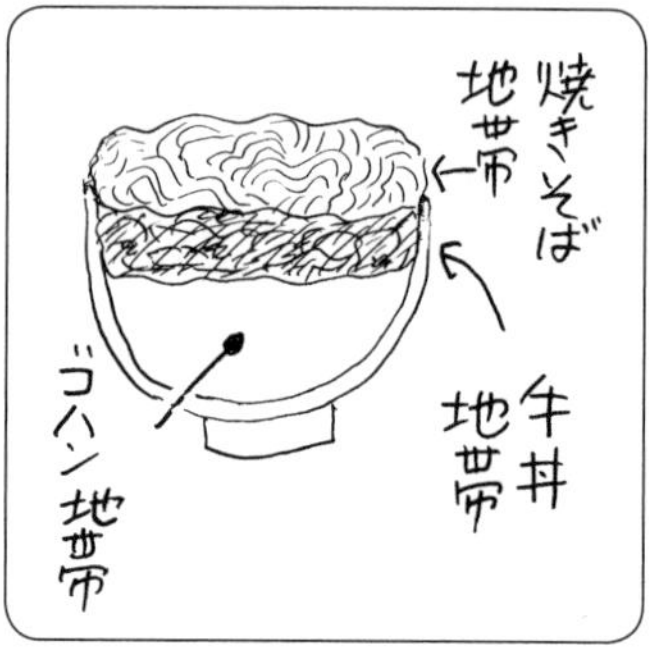

「焼きそばと牛丼を食べにきた」

ことになってしまう。

それではせっかく早足でやってきた意味がなくなってしまう。

箸でボーリングして下側の牛丼の状態を調査してみると、ふつうの牛丼に比べてツユのかかり方が少なく、白い部分のゴハンが多いことがわかった。

このことによって、次のような方法が浮かんだ。

上の焼きそば数本をおかずにして、下の白いゴハンを食べる。

これはただちに実行。

最初の一口である。

これはなかなかよかった。

この方式でずっと食べていってもよかったのだが、白いゴハンには限りがある。

ツユのかかっているゴハンはどう食べるか。

いざとなったら、と、最初から考えていた方法が一つあった。

その〝いざ〟を実行すべきときがきた、そう思った。

最初から、いきなり、焼きそばと牛丼を箸でかき混ぜてしまうのだ。これこそやきそば牛丼の正しい食べ方ではないのか。

だが、この方式には問題が一つあった。

言うまでもなく、焼きそばはソース味である。牛丼は醤油味である。

ソースと醤油、両者の融合はありうるのか。

このテーマを考えている時間はかなり長かった。

やきそば牛丼の食事はなかなか進まないのであった。

そのとき、丼の片隅にある紅生姜が目にとまった。

と同時に、絆という文字が頭に浮かんだ。
紅生姜のない焼きそばは考えられない。紅生姜のない牛丼は考えられない。
ソース味の焼きそばと、醬油味の牛丼は、紅生姜を絆にして団結するのではないか。
正解であった。
両者の間に、断つにしのびない恩愛の情が生まれたのであった。

二、個性重視

――レンコンを噛み切る歯の喜びを思う

エ？　生親子丼？

丼物というとどんな姿、形を想像しますか。

まず錦手《にしきで》とかいう丼物特有の器。

その中にとりあえずゴハン。

そしてその上にカツとか天ぷらとか、親子丼だったら黄色と白に色どられた卵の中の鶏肉。

湯気がポヤポヤ。

あ、それからそれぞれの丼物のいい匂い……。

そんなところかな。

どれもこれもその全体像がすぐに目に浮かぶ。

そんなところかな、なんて言って油断しているととんでもないことになりました。

生親子丼というものがあるというのです。

親子丼が生。生の親子丼。

どうです、どんなものなのか、まるっきり想像できないのではないですか。

なになに、もう一度言って、生の親子丼？　親子丼が生？　許さんッ、と怒り出す人もいると思う。

でもあるんです。

生の親子丼を出す店が渋谷にあって、しかもそれが大評判だというんです。

その店をテレビが取り上げたのを知人が見たという。

それを聞いたとき、ぼくもその生親子丼というものが理解できなかった。

あの親子丼を生で食べるとは。

親子丼というものは、いつだって親と子は煮えた状態で会っているのに、お互い生同士で対面するとは。

でも待てよ。

よく親子の情とか、親子の絆《きずな》というが、煮えた状態より生のほうが情は濃くなるはずだ。

(根拠はないけど)

しかしなあ、親が親なら子も子、ということをよく言うが、親が生なら子も生で、どっちもどっちでいい勝負なのかもしれない。

どっちかが生で、どっちかが煮えていたりすると、どうしても考え方に温度差が出て、えてしてうまくいかないことが多い。

そも生の親子丼とはいかなるものなのか。

知人の報告によると、まず鶏肉が生。

といっても、いわゆる鳥刺しとか鳥わさ状態。

卵ももちろん生。生の黄身。

知人は番組全体をしっかり見たわけではないので、ところどころ想像の部分もあるが、手順は次の通り。

丼にゴハンを入れる。

その上に薄く切って下味をつけてある(らしい)鶏のササミをのせる。

そのササミの上にたっぷりの揚げ玉をのせる。

揚げ玉の真ん中のところに卵の黄身。

このあとのところは想像だが、タレのようなものを揚げ玉にかけまわす。

これを掻きまわして食べる。

客の八割がこれを注文するとかで、みんな、おいしい、うめー、と言いながら掻きこんでいた、という。

そうか、揚げ玉がポイントだな。

しかも作り方が簡単で材料費も安くて、それが旨いときている。

俄然やる気になった。

早速真似して自分流で作ってみるか。

鶏のササミ（パック二本入り）と揚げ玉をスーパーで買ってくる。

ササミの白いスジを包丁でけずり取る。

火の通りをよくするため、身の厚いところには切れ目を入れる。

いろいろ聞いてみると
こんな感じらしい
揚げ玉たっぷし

氷水を用意しておいて、鍋にたっぷりの湯を沸かし、煮たったところへササミを入れて十五秒。

すぐに引き上げて氷水で冷やし、水気をよく拭いて一センチ弱のそぎ切りにして蕎麦つゆ（希釈用）につける。約一分。

丼にゴハン。ゴハンの上に下味をつけたササミ、ササミの上に揚げ玉どっさり、揚げ玉の真ん中を少し掘って黄身を二個。

揚げ玉を軟らかくする程度に温めた蕎麦つゆを揚げ玉にかけまわす。

ここで、急に思いついて刻み海苔をパラパラ。

蓋をして一分。

これがですね、もう本当に想像した以上においしい。

あんまりおいしくはないだろうな、と思っていたのにとんでもなくおいしい。

揚げ玉が意外に頑張ってくれて全体を統括し、その合間合間に下味のついたササミがこれまたいい具合に味をはさみこみ、卵との合性よく、親子であるからそれは当然で、蕎麦つゆを含んだ揚げ玉にも黄身はからまり、全体の味を含んだつゆはゴハンにもしみこみ、いってみればチームワークがすばらしいのである。

生親子丼を部分的に考えると、ゴハンに生卵がかかっているわけだから全体としては〝卵かけゴハン〟であり、そこへ親であるササミが、生でというかハダカでというか、そういう姿で参加したということになる。

そうなってくると、揚げ玉をどう考えるかが問題になってくる。

本来の親子丼には揚げ玉は参加していない。

本来は鶏肉と卵だけの親子丼に、なぜ揚げ玉が入っているのか。その論理的根拠が必要になってくる。

こう考えるのはどうか。

鶏の親子はあきらかに一族だが、揚げ玉はその一族ではない。

揚げ玉はたぬきの一族である。

鶏の親子にたぬきが加勢した、と考えるのはどうか。

鶏の親子（たぶん母子）はなにしろ母子家庭であるから、何かと苦労がたえなかったに違いない。

そこへたぬき（たぶん雄）が同情してあれこれ面倒を見ているうちに、ふとしたことでワリない仲となって同居に至った、こう考えるのが自然ではないだろうか。

カマスの開きに惑う

仕事に一区切りがついたところで缶ビールを一本だけ飲む。
ホッと一息。
いつもそういうことをしている。
ふつうだとコーヒーを飲むのだろうが、ぼくの場合は缶ビール。
コーヒーの場合はおつまみが要らないが缶ビールはおつまみが要る。
いつもはイカの燻製やチーズあたりなのだが、この日は冷蔵庫を開けたとたんカマスの
開きと目が合った。
カマスの目は大きい。
カマスが大きな目で遠くを見ている。
その目とぼくの目が合った。
運命を感じた。
これだ、と思った。

イカ燻やチーズと違って焼く手間ひまはかかるが、きょうはこれでいこう。

冷蔵庫からカマスの開きを取り出して焼き網の上にのせる。

まだコンロの火はつけてない。

再びカマスと目が合う。

カマスの目は澄んでいる。

目元が涼しい。

そういっちゃわるいが、鯵や鰯の目とはちょっと違う品がある。

聡明な感じもする。

顔つきに知性がある。

ふだんは魚の顔つきを見つめたりすることはないのだが、このときは、ガスに点火しようとするぼくの手が止まった。

腰に手を当てて網の上に横たわっているカマスに目をそそぐ。

身なりがさっぱりしている。

色が白く細く長くすっきりした背丈のせいだろうか。

清楚、そういう気配もある。

体を開かれてしまった、そういう恥じらいも感じられる。

焼き網の上で、そういう運命にじっと耐えて横たわっているようなたたずまいが痛々しい。

目には諦観があり、口元には悲しみがある。

見られてはいけないところを見られている、裸身をさらしている、そういう思いが全身から伝わってくる。

まん中のところから左右に開かれた白い肉体は、ぬれぬれと濡れて艶めいている。

もともとカマスは体が柔らかく、肉に水分が多いといわれているが、こうして体を開かれた上に陽に干されているにもかかわらず、しっとりと濡れた肌を保っている。

丸いままのときには予想もしなかった白い肉体が体を開いたとたん現れる。

この魚はいま裸なのだ、という思いにかられる。

全裸、などという言葉も頭に浮かぶ。

魚はもともと全員裸で暮らしているわけだから、丸のままの姿のときがすなわち全裸と感じるはずなのに、こうした思いにかられるのは、やはり開かれて〝白い肉体〟となったせいなのだろうか。

まだガスコンロに点火していない。

腰に手を当てて、網の上のカマスの開きの開かれたところを見ている。

このカマスはかなり大ぶりで体格がよい。

腰のあたりの肉づきもよく、肉厚でムッチリと腰が張っている。

お腹には程よく脂肪がのってポッテリしていて、指で押すと柔らかく押し返してくる。

見てはいけないものを見、してはいけないことをしているような気分になってくる。

網の上のカマスの開きを、なんとなく閉じてみる。

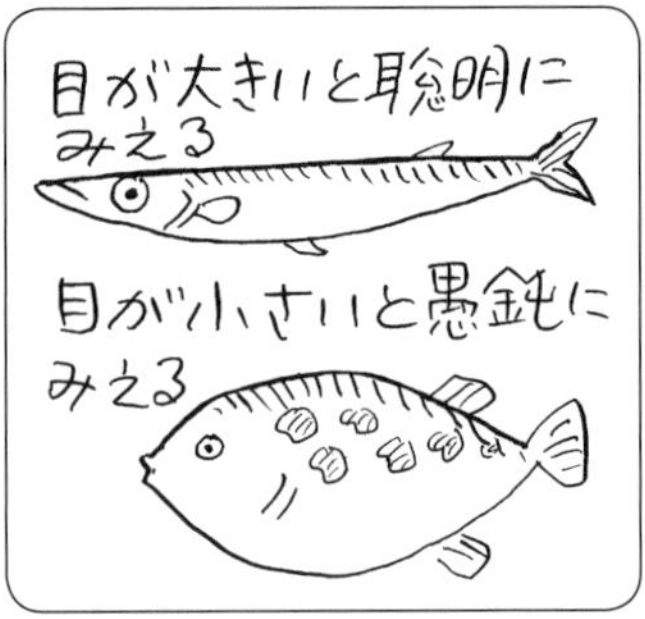
目が大きいと聡明に
みえる
目が小さいと愚鈍に
みえる

また開いてみる。

また閉じてみる。

引っくり返して皮側を上にしてみる。

また戻してみる。

何をされてもされるがまま、黙って耐えているところが痛々しい。

魚の開きは店に並べるとき、皮側を表にして売るのと身側を表にして売るのとに分けられる。

鯛や鯖やキス、甘鯛などは皮側を表にして売る。

鯵、サンマ、カマスは身側、すなわち開いたほうを表にしている。

この魚はどっちがより魅力的かということを考えて並べる。

カマスは身側、すなわち開いたほうを表にして売る。

ということは、カマスがいかに開いたほうが魅力的かということを物語っていることになる。

ほうらごらんなさい。

魚屋でカマスの開きを見た人は、みんなぼくと同じようなことを考え、同じように、裸だ、と思い、家へ持って帰って閉じたり開いたり引っくり返したりしているということの証左がここにあるのです。

そういうふうにカマスの裸身を鑑賞したあと、ようやくバチンとガスコンロに火をつける。

ああ、何という痛ましさ。

白い裸身が火に焼かれている。

見る見るうちに全身から艶が失われていき、乾いていき、焦げていく。

見る見る、姿、形が変わっていき、生前、じゃなかった、焼く前、あんなにも男心を惑わせた肉体は、ただの魚の焼き物となり、料理の一品となって皿の上にのせられる。

プシッと缶ビールを開けてゴクゴクゴク。

カマスの開きからは湯気が上がっていていかにもおいしそうなふつうの焼き魚となっており、豊満な肉づきの腰のあたりに箸を入れるときもさしたる感慨もわかず、ハフハフとおいしく、食べすすんでまん中にある骨を身から少しずつはがしていくときも、さっきだったら、いま脱がしている、なんて思ったであろうに、静かな心境ではがしているのでした。

レンコンの穴

気の知れない人というのは、どこにでも、どんなグループにも一人はいる。

こういう人とは胸襟を開いて話をすることができない。

野菜仲間にも気の知れないのが一人いる。

レンコンである。

たとえば根菜仲間でパーティを開いたとする。

さつま芋、里芋、じゃが芋、大根、人参、ごぼうなどですね。

なにしろ土の中という共通の環境の中で生活しているわけだから、共通の話題にはこと欠かない。

湿った土の肌ざわり、土を少しずつ押しのけて伸びていく喜び、土の中の暮らしの楽しさ、辛さ、語り合うことはいくらでもある。

レンコンも根菜類であるから当然このパーティに参加するのだが、ただ一点、みんなと話が嚙み合わないところがある。

かじった跡は
だいたい
こんな感じに
なります

体の中に穴が開いている、という点である。

ここんところでどうしても話がややこしくなる。

レンコンの穴は空気を通すための通気孔だという。

自分の体の中に爽やかな空気が流れこんでくるときの喜び、体の内壁が常に空気に触れている快感、そういうことについて仲間と語り合いたい、そう思って語りかけるのだが、さつま芋や大根たちには何のことだかさっぱりわからない。

ヘンなことを言うヘンな

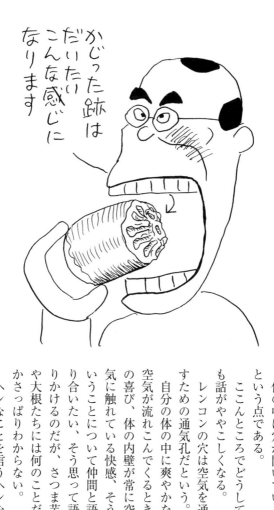

やつ、ということになって根菜仲間からだんだん嫌われるようになる。

つまりレンコンは穴のことで仲間から嫌われるのだが、人間はこの穴を歓迎する。

まず辛子レンコン業者。

「もしレンコンに穴がなかったら、わたしらの商売は成りたちません」

と言って涙ぐんでいる。

「もしレンコン側が『あと三年ですべての穴を塞ぐことになりました』と言ってきたらたちまち倒産です」

と言って目をうるませる。

和食関係の商売の人もレンコンの穴大歓迎である。

「もしですね、レンコンに穴がなくて、輪切りのレンコンの一つ一つにああいう穴を開けるとしたらえらい手間でっせ」

と言ってレンコンに手を合わせる。

レンコンは土の中でデザイン加工済みとなって人手をわずらわせない。

またそのデザインは秀逸で、ちらし寿司、おせち料理、天ぷらなどには欠かせない存在となっている。

つまり、レンコンの業態は〝穴業〟である。

この穴業を心よく思わない人もいることはいる。

外国人がそうらしい。

チクワを初めて食べた外国人が、

「卑怯ではないか。この空洞の部分をどこへやった。穴の分の値段を引け」

と言ったとか言わなかったとかの話があるが、レンコンの場合は更に激怒するのではないか。

チクワは一本だがレンコンは何本も〝抜いて〟あるのだ。

レンコンの主たる業務は穴業だが、もう一つ〝シャキシャキ業〟も営んでいる。

酢バスのシャキシャキ、煮物のサクサク感は、他に類があるようでない。

レンコンのシャキシャキ、サクサクの快感はたとえようがない。

誰が一番喜んでいるかというと、歯が喜んでいる。

ふと気がつくと、歯が一人で勝手にシャリシャリ、サクサクを楽しんでいる場合が往々にしてある。

レンコンは煮物の主役である
なのにおでんダネにならないのはなぜか

歯はあれで毎日の生活がつまんないらしいですよ。

歯には自由がない。

歯はアゴに埋めこまれていて動こうにも動けない。

自分が嫌いなものが口の中に入ってきて（納豆が嫌いらしい）、ああ嫌だなあ、と思っても、アゴがガクガク動けば結局噛むことになる。

まあ、おおむね、嫌なことが多いらしいですよ、口ん中の生活は。

そういう日常のところへレンコンが突然入ってくる。

そうなると歯は、そうら来た、やっと来た、と、もう大喜びで、そうなればレンコンも悪い気はしないわけで、二人でシャリシャリ、サクサク、手を取り合って大喜びしているのが噛んでいる間中手に取るようにわかる。

そこでわたくしは考えました。

ああいうふうに輪切りにしたレンコンのシャリシャリ、サクサク感が秀逸であるならば、うんと分厚く、いやいやもっと大きなカタマリだったら、その歯触りの快感はこの上ないものとなるのではないか。

つまり、レンコン丸ごと一本そのまま姿煮の丸かじり……。

本当にやってしまいました。

直径7・5センチ、長さ9センチのレンコンの一節の皮を剝き、和風ダシの煮汁で煮ること30分、そのまま煮汁につけること30分。

その巨大な棒は箸では持てないので手で持って口に近づけていきながら考えました。

日本人でレンコン一本姿煮の丸かじりをやった人はいないのではないか。

つまり前人未到の快挙なのではないか。

大口あけてゴリッと嚙みつき、ペリッとはがす。

口一杯のレンコンのカタマリ。

やっぱりレンコンは切ったものを食べるものだということがようくわかり、快事を行った、という気にはなれんかったです。

清純、白百合根学園

百合根はとても不思議な食材である、ということをぼくは言いたいわけです。
食材など、と言っていいのか、というぐらい特異性を感じるわけです。
食べちゃっていいのか、失礼にならないのか、と、ためらうわけです。
百合根にぼくは気品を感じる。
高貴、優雅を感じる。
高貴、優雅を、ぼくの汚い歯で噛んだりしていいのか。
じゃがいもなんかは、もう平気でかじっちゃう。
カブだって平気でかじっちゃう。
だけど百合根は一瞬ためらう。
やっぱり白い百合の花を想像するせいでしょうか。
おじさんは百合の花に弱い。
白百合、なんて聞いただけで、頬をポッと赤らめるおじさんもいる。

まして、白百合学園、なんて聞くと体をよじって身もだえるおじさんさえいる。

そうか、百合根をあがめるのはおじさんだけか。おばさんなんか何も思わずバリバリ食べているのかもしれないな。

そういうわけなので、おじさんは百合根を一度食べると印象に残る。

百合根なんて、年に何回も食べないでしょう。

どこかで食べた茶わん蒸しの底のほうに沈んで

いるのを、ン？　なんだこれは？　なんてつまみあげ、怪訝な顔をして噛んでいるのを見て、

「百合根です」

と店の人に言われ、

「そうか、これが百合根か」

と急に神妙な顔になって神妙に味わう。

噛んでるうちに、とてもすまないような気がしてくる。

なにしろ高貴を感じているわけだから、

「こんな居酒屋の茶わん蒸しなんかの中にお出ましをいただいて」

と、おそるおそる噛みしめ、

「世が世であれば、わたしのようなものに、このような仕打ちをされるお方ではないのに」

と恥じ入り、

「いけないいわたしをぶって、ぶって」

と、急に声が裏がえるおじさんもいる。（いません）

同じ茶わん蒸しの中に入っているギンナンに対しては、おじさんは実にぞんざいな態度

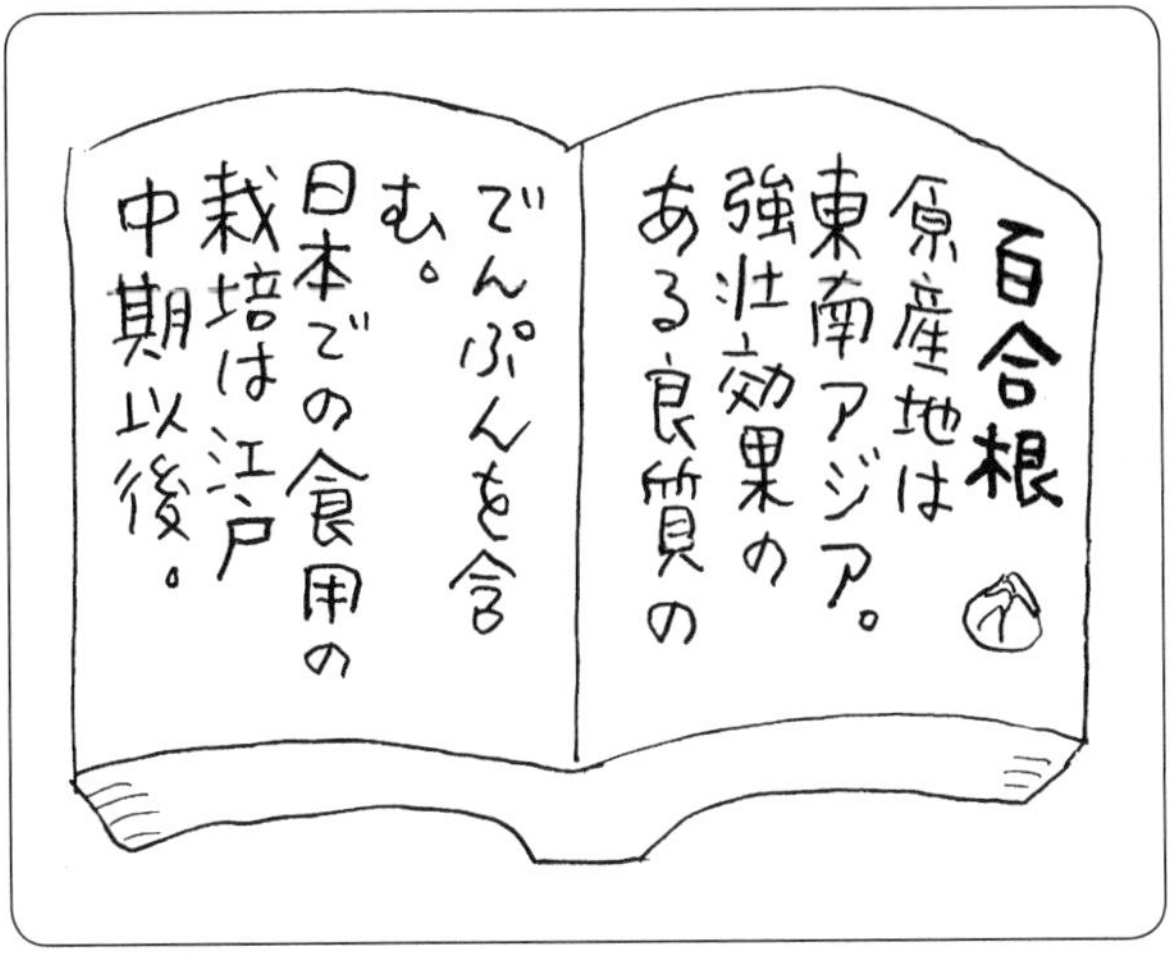
百合根
原産地は
東南アジア。
強壮効果の
ある良質の
でんぷんを含
む。
日本での食用の
栽培は江戸
中期以後。

をとるくせに、百合根に出会ったとたん声が裏がえるのは、やはり〝白百合学園〟が効いてるせいでしょうか。

百合根は一度にたくさん食べるものではない。

「きのうは百合根の煮つけを丼一杯食べちゃってね」

とか、

「あんまりおいしかったので、お代わりをしたのでおなか一杯」

などという人はいない。

茶わん蒸しの中に一片。

小皿の中の梅肉和えとして五、六片。

ほかにどういう食べ方があるかというと、つい先日、吉祥寺の東急デパートで買った百合根の小袋（五〇〇円）には、茶わん蒸

しのほか、百合根ごはん、百合根グラタンの名が記されていた。

この中の、百合根ごはんに心を動かされ、さっそく作ってみた。

作り方は実に簡単で、「二分でゴハン」のパックめしの中に、透明になるまで茹でた百合根を入れてかき混ぜるだけ。

むろん、これは正式な作り方ではありませんよ。

これがとてもおいしかった。

いまの百合根は苦みがほとんどなく、とても甘く、温かいゴハンによくなじんでおいしい。

薄片でやわらかい分だけ、ゴツゴツした栗ごはんよりごはんによくなじむ。

よく火を通した百合根は柔らかく、甘く、ホクホクしていて、かつクリーミーでもある。

すなわち百合根ごはんに合う。

あんまり火を通さない百合根（透きとおらないうちに引きあげる）は、ショリショリして、味は違うが玉ネギの半生みたいな歯ざわりになる。

すなわち梅肉和えに合う。

スプーンみたいな形に反り返った一片は、口に入れるとその一端が必ず歯ぐきに突き当たる感触もなかなか捨てがたい。

百合根はそんなに高価なものではないのに、どういうわけかあんまり安っぽい店には顔を出さない。

定食屋のメニューに、百合根の煮つけはない。

赤提灯の店の茶わん蒸しには入っていない。

やはり、おじさんたちの〝白百合学園への憧れ〟が、百合根の品位を保たせているのだろうか。

そういうおじさんたちに、次のような事実を知らせていいのかどうか、ぼくはいまためらっている。

植物図鑑を見ると、色の白い百合、すなわち白百合と言われているのは、正式には鉄砲百合と高砂百合だ。

山百合も白いことは白いが、中心部は黄色く、その黄色の中に赤い点々が散っており、数本あるおしべも赤く、白百合と言い切るには難がある。

だからどうだってんだー、白百合学園にケチをつけようというのかー、とお怒りのおじさんもおられると思うが、まあ、待ちなさい。
ユリ科の中で食用に適するのは、鬼百合、小鬼百合、山百合の三種だ。
この三種は白くない。
どうもなんだか嫌な気配になってきたな、と思い始めたでしょう。
そうなのです。
おじさんたちの憧れ、白百合学園は、実は鬼百合学園だったのです。

三、初志貫徹

――ただの「思いつき」をハゲシク実行しよう

駝鳥を食べる

ぼくは図鑑のたぐいが好きで、動物図鑑とか、魚類図鑑などをヒマなときにパラパラめくったりする。

こういう図鑑は科学好きな少年少女のためのもので、したがってその記述も科学に関することに終始する。

はずなのだが、日本のこうした図鑑はしばしば脱線する。

魚類図鑑の、たとえば「さんま」のところを読むと、［硬骨魚類　さんま科　体長約40cm　太平洋北部に広く分布　秋、脂ののったさんまはいちだんとおいしい］などと書いてある。

科学の図鑑なのだから、「おいしい」は要らないのではないか。

まして「脂ののった」とか「いちだんと」は余計だと思う。

動物図鑑のほうはどうか。

動物図鑑の「うま」のところを読むと、［奇蹄類　うま科　アジア・ヨーロッパ原産

草食　刺し身（馬刺し）にして食べるとおいしい」などと書いてあるのだろうか、と思って調べてみたらそういう記述はなかった。

鳥類図鑑のほうはどうか。味についての記述はあるのか。と思って調べたが、これも味については一切触れていない。

魚類に関しては触れているのだから当然触れるべきではないのか。

鴨だったら「かも目かも科　日本では秋、北地から渡来する　このころの鴨は脂がのっておいしい」というふうに書くべきではないのか。

と、いったように、ふだん食べ

つけている鳥類には、ぼく個人の好みから言えば、味について一言でいいから付け加えてほしい。

駝鳥《だちょう》なんかだったら味についての言及は要らないが……。

と思っていたのだが、ここへきて駝鳥が食用肉として大きく脚光を浴びてきたというのである。

つい先日テレビを見ていたら、北朝鮮でも駝鳥の肉に目をつけ、駝鳥牧場を各地で開設し、金総書記がその成果を視察してまわっているというニュースをやっていた。

日本でも、全国に相当数の駝鳥牧場があり、相当数の駝鳥肉が出荷されているという。

これまでの駝鳥のイメージは、草原を走りまわっている、乗って遊んだりする、足が長い、飛べない、アフリカにいる、皮は高級ハンドバッグになる、目がクリッとしてなんだか可愛い、といったところだったが、これに「なんだかおいしそう」を加えなければならなくなった。

こうなってくると駝鳥に対する世間の認識も大きく変わる。

〝食べられる〟という視点で駝鳥を見る。

ラーメン業者なんかは、あの長くて太い足に目をつける。

「いいダシが取れそうだ」

と思うようになる。

鶏の足先は、その形が似ていることからモミジと称してダシを取っていたが、駝鳥の足先は、

「ヤツデからいいダシが取れる」

ということになって業者の間で評判になる。

駝鳥の肉は
レア状じゃないと
おいしくない
この場合も
レア状

駝鳥は鳥だから、料理としては鳥料理ということになる。

当然焼き鳥が考えられる。

なにしろ駝鳥はあの巨体だ。

串に刺す肉の一個も当然大きなものになる。おにぎりぐらいの大きさになる。

そうなると間にはさむネギもその大きさに太刀打ちできない。

玉ねぎ丸ごと一個ということになる。

店先の赤提灯も当然大きなものになる。

どの店も浅草の雷門の大提灯みたいのを店先にぶらさげることになる。

それにしても、駝鳥の肉はどんな味なのか。硬いのか軟らかいのか臭みはないのか。

駝鳥料理をメニューにのせている店が中野のブロードウェイのすぐ近くにある。

「T」という居酒屋で、ここは牛タンと駝鳥が売りものの店だ。

どんな駝鳥料理があるのか。

駝鳥のカツ、駝鳥のミニステーキ、駝鳥のレバ刺し、フィレ刺し、砂肝刺し、砂肝焼き、ハツ焼き、レバー焼き。

焼き鳥系のメニューが並ぶが、串に刺したいわゆる焼き鳥はない。

駝鳥はどんな味なのか。

一言で言えば非常にあっさりした味だ。脂肪はほとんどなく鶏肉よりもさっぱりしていて鶏肉よりも軟らかい。

駝鳥のカツについて述べてみよう。

豚カツとは形も大きさもまるで違う。まず小さい。そして薄い。

大きさカキフライ大、厚さ七ミリ、つまりカキフライ大のハムカツ風。

味は鯨カツに似ている。肉そのものの味は稀薄で、これが駝鳥の肉の味です、というものは感じられない。

辛子とソースで食べる。

濃厚な豚カツの対極にあるさっぱりカツ。

駝鳥の刺し身。

これも薄く切ってあって一片が三センチと五センチ大。

馬刺しに似ていて鯨にも似ている。鰹も少し入っている。

馬刺しと鯨を混ぜて二で割ってそこへ鰹をほんの少し混ぜて水分をちょっと加えたような味と口ざわり。

水っぽいというより、ゆるいというのかな、このゆるみが駝鳥の肉の味の特徴かもしれない。

あんなに走りまわっているのに、と不思議。

内臓系はどれもおいしい。

ハツ、レバー共に生でも焼いてもおいしい。味も地鶏より濃厚。

一品、だいたい一〇〇〇円。

早く〝大提灯のぶらさがった駝鳥屋〟を見たいものだ。

クサヤ好きの立場

ここに一軒の居酒屋あり。

店内にいる客およそ十人。

時刻は午後の十一時半。

突如、店内にクサヤの匂いが漂う。

どういうことになるか。

「おっ、何だ？　何の匂いだ？」

「何かが腐ったような匂いだ」

いずれも怒気をふくんだ声。

怒気をふくんだ声の人八名。

「おっ、何だ？　何の匂いだ？」

「何だ、このいい匂いの因《もと》は？」

好意の声の人二名。

クサヤを焼いたことを詫びる居酒屋の主人
とんでもないことをしでかしてしまって
深く反省してます

クサヤの匂いを臭気ととる人と、香りととる人の比率はだいたいこんなところだろう。

ふつう、居酒屋のメニューには諸般の事情でクサヤはない。

この居酒屋の主人は、夜も十一時を過ぎると、いつも自分も一杯やり始める。

その夜はたまたまもらい物のクサヤがあったので、これで一杯やろうと思い立った。

厨房でそのクサヤを焼き始め、その匂いが客席のほうに流れこんだのだった。

このあと店内は騒然となる。

「非常識ではないか」

「鼻が曲がりそうだ」

「目も曲がりそうだ」

どの席からか、鋭い悲鳴さえ聞こえてくる。

やがて店内は二派に分かれる。

「クサヤを焼くの、ただちにやめろ」

という人と、

「そのクサヤ、ちょっとだけでいいから分けてくれ」

という二派である。

この騒ぎは、

「ごめんなさい。焼くのすぐやめます」

という店主の決断によって幕を閉じる。

つまりクサヤは世間一般には認められない存在なのだ。

悪魔に体臭があるとすれば、それはクサヤの匂いである、という人さえいる。

だが好きな人にとっては、クサヤは美女の体臭以上のものになる。

このぐらい好きと嫌いが強烈に分かれる食べ物って他にあるだろうか。

エート、と、あれこれ考えてみるがなかなか思いあたらない。

わずかにドリアンが思いあたるが、われわれ日本人にとってこっちは身近な食べ物ではない。

ドリアンは、世界的に飛行機内持ち込み禁止ということになっているが、クサヤはそのへんのところは曖昧になっている。

曖昧だからといって機内に持ち込めば一騒ぎは避けられない。

臭いからといって外に放り投げるわけにもいかず、もし次の飛行場まで十四時間という場合は、十四時間、非難ごうごうの声の中で身をすくめていなければならなくなる。

クサヤ好きおやじ
たとえば
こんなヒト
このへんに
何かふつうじゃ
ないものを感じる
このへんにも

クサヤが好きな人は、そうした世間の声を充分承知している。

知ってはいるがどうしても食べたい、どうしてもやめられない、非難の声の中にあってもむしりたい（クサヤの身を）。

そうした逆境を辛抱強く、困難を耐えぬいて信念を貫く人たちなのだ。

クサヤ好きの人は、世間の人たちからどういう評価を受けているのだろう。

「山田さんはクサヤに目がない人なのよね」

と言われている山田さんはどういう人物なのだろう。

カチカチではなく
生干しのやわらかい
のはいっそうおいしい
ハエ
身がしっとりアメ色

色彩を持たない人物、何かあるとすぐ巡礼の旅に出る人物、というふうには思われないだろう。

色彩を持ちすぎる人物、一癖ある人物、変わった奴、目つきがヘンな奴、鼻が低い奴、と、ふつうだったらそういうふうに見られるだろう。

ところがクサヤに限ってはそうはならないのだ。

なぜかというと、クサヤ好きの人は、先ほども書いたように、逆境を辛抱強く生きぬく人物、困難に負けない人物、信念を貫く人物、という部分が高く評価されているからだ。

偉人と言われる人たちは、こうした部分を必ず持ちそなえている。

そういう部分があったからこそ偉人になれたのである。

ここで、ぼくのクサヤに対する立場を明確にしておきたい。

クサヤ大好き。

これまで、クサヤが大好きだということを人に言って得をしたことは一度もない。

それでも言う。クサヤ大好き。

どのぐらい好きか。

世の中には様々な定食がある。

魚に限っても、鯵《あじ》フライ定食、鯵の開き定食、ブリ照り焼き定食、サンマ塩焼き定食、金目鯛煮つけ定食、まだまだキリがないが、クサヤ定食というのは聞いたことがない。

ありえない、というのが世間一般の考え方だろう。

ところが、あるのだ。

大島の食堂「かあちゃん」という名前の大衆食堂のメニューに、ちゃんと、

「くさや定食　一二〇〇円」

と堂々と載っているのだ。

しかも観光名物としてではなく、刺身定食、焼き魚定食、煮魚定食などが並ぶ中程のところに、普段使いの定食としてさりげなく出ている。

このことを知ったぼくは、ただちに食べに行った。

飛行機に乗って食べに行った。

クサヤの定食を「飛行機に乗って食べに行った」というところを高く評価してほしい。

世間から誹謗されているクサヤを、誹謗に耐えて信念を貫いたのだ。

クサヤに関する偉人というものがあるとすれば、ぼくは「クサヤの偉人」ということになる？

納豆を味噌で

納豆を味噌で食べる。

納豆といえば醬油、この慣習を大和民族は何の疑いも持たず連綿と続けてきた。

その納豆を味噌で食べる。

このことを思いついた人はこれまで誰一人としていなかった。

納豆に味噌で味をつけてゴハンを食べたらどんなことになるのか。

これまでナンピトもこのことに思いが及ばず、試した人もいなかった。

いいえ、ウチのほうじゃ昔から納豆には味噌だでよ、という声が名古屋あたりからかかりそうだが、それは聞こえなかったことにして大急ぎで話を先にすすめたい。

とにもかくにも、大和民族はほとんど脊髄反射的に納豆には醬油を選んできた。

盲点といえば盲点、迂闊《うかつ》といえば迂闊であった。

この、日本列島を震撼せしめるような衝撃的なアイデアがぼくの頭にひらめいたのは、二〇〇五年三月一日未明のことであった。

その瞬間、霊峰富士の上空に雷鳴が轟き、琵琶湖の水面から幾万という鮎が飛び跳ね、北朝鮮の白頭山では千羽の白鷺《しらさぎ》がいっせいに飛び立って朝日の中に消えていったといわれている。

やがてぼくは〝納豆に味噌の開祖〟として知られるようになり、広辞苑にその名が載るようになるのだ。

と、ここまでは話が順調にすすんできた。

問題は、納豆に味噌ははたして合うのか、ということである。

合って欲しい。いまとなってはそう祈るばかりだ。

もともと納豆汁というものがあって、納豆と味噌は汁物としては合うことがわかっている。

ゴハンのおかずとしてはどうなのか。

これほどの大騒ぎをしておいて、やっぱり合いませんでした、では引っこみがつかない。

ここまできたらもうあとには引けない。試してみるよりほかはない。

冷蔵庫から納豆と味噌を取り出す。

味噌はそのへんで売っているごくふつうのやつ。納豆は本小粒。

納豆を小鉢にあける。搔き混ぜる。ニチャニチャニチャ。

そこへ味噌を混ぜる。味噌はダシとか水とかでゆるめずそのまま。バチバチバチ。

粘りがすごい。水分がないせいか、箸と納豆の間に大きな膜が張り、それが破れるたびにバチバチと音がする。粘りで箸がしなうほどだ。

かくして味噌納豆が出来あがった。

ひとかたまりを熱いゴハンの上にのせる。

いま口に入れたところだ。

オオッ、オオッ。

なんということだ。

テレビ東京の「なんでも鑑定団」風に言えば、「驚きの結果に場内騒然」ということになる。

いけるのである。

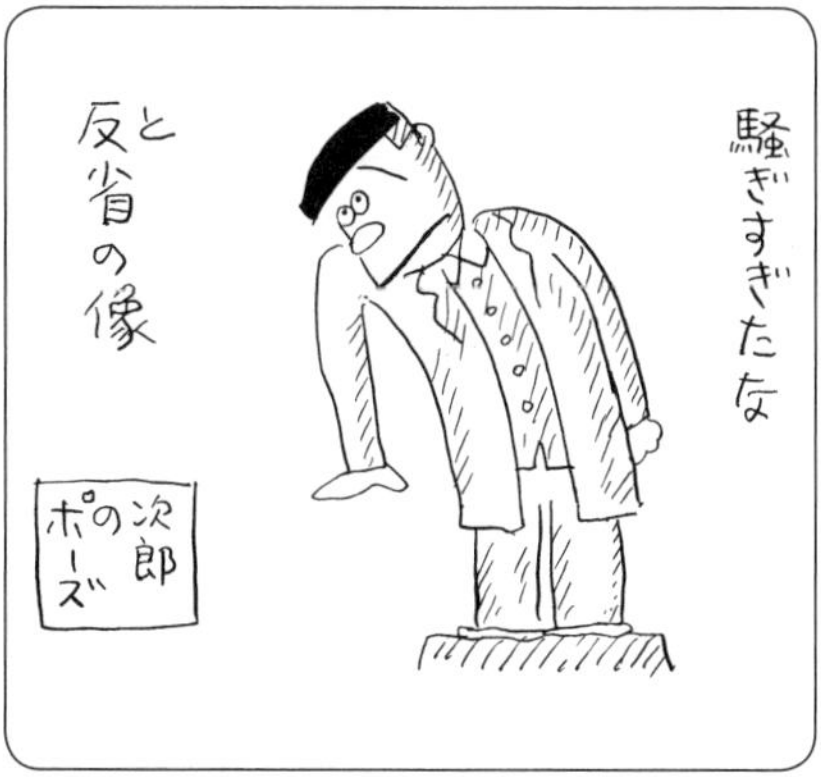

まるで違和感がない。意外に味噌の味が突出してこない。

「エ？　これ醤油じゃないの？　これで味噌なの？」

と言いたくなるほど味噌が顔を出してこない。

それでいてやっぱり味噌なのだ。

大急ぎで納豆が「仲間だ仲間だ」と豆仲間の味噌を取り込んで隠してしまい、ウチには居ませんよ、と言っているのだが、そこはかとなく居留守がばれる、といったような不思議な味わい。

こういうことも言える。

納豆に醤油が〝ゴハンのおかず〟なら、納豆に味

大粒の納豆のほうは
酒のサカナの一品
料理になる

噌は〝酒のサカナ的ゴハンのおかず〟である。

二口目はネギを混ぜてみる。

ネギを入れた味噌納豆を熱いゴハンの上にのせて口の中に入れる。

その結果に場内少し騒然。

ネギのシャリシャリ感が際立っている。

醤油だと、醤油は水分であるからすぐにネギにしみこんでネギをクタッとさせるが、味噌は水分がないからその分シャリシャリが際立つ。

そういえばネギ味噌というものがあるわけで、そのネギ味噌に納豆を加えたことになり、こうなってくるとどんどん酒のサカナのほうに近づいていく。

白味噌も試してみる。

納豆に白味噌を混ぜ、ネギも入れて熱いゴハンで一口。

その結果に場内唖然。

物足りないのである。

ゴハンのおかずとしては塩気が足りない。

そこでそこに醬油をほんのひとたらし。

その結果に場内憤然。

そもそもこの実験は醬油を使わないというのが大前提ではないのか、と憤然となったのである。

でも結果そのものはよかった。

とてもよかった。白味噌に醬油という取り合わせが面白い味だし、そこにもともと醬油と合性のいい納豆が加わったわけだからわるかろうはずがない。

はずはなかったが意味がなかった。

結論を急ごう。

あんなに騒いだわりには、新しい味の大発見、とか、大興奮とかにはならなかったが、いままでとは違ったそこそこの味は楽しめるということは言えるわけで、ま、気軽に試してみてはどうですか、損にはならないと思いますよ、と、最後はかなり弱気になっています。

やっぱり納豆は醬油かな、なんて気がしないでもないです。

富士山の雷とか、白頭山の白鷺も、なんなら取り消してもいいです。

汁かけ飯、やってますか

どうなんだろ。

いまどき汁かけ飯《めし》を敢行する人はいるのだろうか。

汁かけ飯というのは、ごはんに味噌汁をかけたものを言い、ぶっかけ飯、などと物騒な言い方をする人もいる。

ぼくが子供のころは、全国的な規模で汁かけ飯は流行《はや》っていた。

と同時に、汁かけ飯は全国的な規模で禁止されており、したがってこれを食べるのは、命懸けとまでは言わないまでも、親の目をかいくぐって行わなければならないゆえに、どうしても〝敢行〟という雰囲気にならざるをえなかった。

なぜ汁かけ飯は禁止だったのか。

理由はちゃんとあって、ごはんを「丸飲みするから胃腸によくない」「汁かけ飯を食べると滑って転ぶ」「試験に落ちる」などあったが、要するに食べ方が汚い、下品である、当時犬猫に与えていた食べ物そのものである、といったあたりが真相らしかった。

汁かけ飯の
理想の食べ方
ズルズル
ミーン
ミン
ミン
蝉の
声

胃腸によくないのなら、お茶漬けはどうなるのだ。

こっちのほうは丸きりお咎めはなかったのだ。

全国的に禁止にもかかわらず子供たちが命懸けで敢行するのは、汁かけ飯にそれだけの魅力があったからである。

夏、学校から帰ってきてカバンを放り投げ、これから草野球だ、という午後三時。

おなかが激しくすいていて台所に駆け込むと、お櫃《ひつ》の中に朝のごはんの残りがあり、鍋のフタを開けてみると味噌汁の残りがある。

他には何もない。

ごはんを茶わんによそい、味噌汁をおたまですくって上からじゃぶじゃぶかけ、立ったままズルズルかっこむ。

冷えたごはん粒は味噌汁をしみこませず、冷えた味噌汁はごはんを溶解しない。

このときの汁かけ飯は、冷えたごはんがごはん粒として生き生きしており、冷たい味噌汁もまた味噌汁として生き生きしていて、二つの生き生きが生き生きと口の中を流れていくおいしさ。

ごはんは時に嚙んでよし、嚙まぬでもよし。

台所はじっとり暑く、家には誰もおらず、物音ひとつしない。

この〝立ったまま〟と〝静まりかえる台所〟が揃ってこそ汁かけ飯はおいしい。

汁かけ飯は日頃厳しく禁止されているから、いま犯行を犯しているのだ、という快感も汁かけ飯をいっそうおいしくさせる。

ぶっかけ飯という乱暴な言い方は、このときの悪事を実行しているのだという荒《すさ》んだ気持ちが言わせているのかもしれない。

実行犯としての捨てばちな気持ち、が自暴をうながし、自棄を誘発し、その荒くれた気

持ちが、〝かける〟では収まらず、〝ぶっかけ〟ずにはいられなくなるのだ。

〝ぶっ〟というのは、強意・強勢を表す接頭語で、ぶっ飛ばす、とか、ぶっ殺す、などの乱暴狼藉系の言葉であるから、汁かけ飯を作るときも、当然こうした荒々しい気分にならなければならない。

もちろん少年の日のぼくも、こうした気分で汁かけ飯を荒々しく作るのだった。

ごはんをよそった茶わんの上からおたまに入った味噌汁をぶっかけ、あたりに飛沫が飛び散るのを当然のこととして考えていた。

さっきから汁かけ飯を、世間から受け入れられていない食べ物のように書いているが、料理界の権威がこれを認めていることを知る人は少ない。

懐石料理の泰斗、「辻留」二代目の辻嘉一氏は汁かけ飯について、「糒《ほしい》に湯をかけて食べた武士の食事に始まって今に続き、一連の丼物も汁かけ飯と考えられる」

という趣旨の発言をしているという。

ぼくもときどき汁かけ飯を敢行するのだが、味噌汁の具はむしろ無いほうがよく、じゃがいもや豆腐はかえって邪魔になる。

とろろ昆布あたりがちょうどよく、海の香りとそのぬめりが汁かけ飯にぴったり合う。

一番合うのがしじみ汁、あさり汁で、特にあさり汁の汁かけ飯は「深川丼」として深川の名物となっている。

ぼくがあれこれ試してみたなかで、異色中の異色ともいえる汁かけ飯がひとつある。異色であると同時に美味、そして傑作（自称）。

ぜひ一度でいいから試してみてください。

スーパーのそば・うどんコーナーに行くと、生めんなどといっしょに「乾燥かき揚げ」が袋に入って売られている。

かき揚げとはいっても大部分が小麦粉で、干しエビと紅生姜がちょっぴり入っている。

この乾燥かき揚げを熱いごはんの上にのせ、その上から熱い味噌汁をたっぷり注ぐ。

たっぷりのためには茶わんではなく丼がいい。

乾燥かき揚げがほとびるのを待ってズルズルとかっこむ。

かき揚げはふつう天つゆなのに味噌汁。

かき揚げとしても、味噌汁を浴びるのはかき揚げ史上初のはずで、本人もびっくりするだろうが食べるほうもびっくり。

かき揚げのコロモと醬油系の蕎麦つゆの相性の良さは誰もが知るところだが、どうして

どうして、味噌汁ともまた相性が良いことをこのとき知る。

味噌汁をたっぷり吸いこんでトロトロになったコロモがごはんにからみつき、そこのところに味噌汁が割って入った三位一体をスルスルと一気にかっこむ。

本物のかき揚げ以上においしいところが味噌。

四、定説打破

——ラッキョウ好きの怪しさをとことん考える

水餃子再会

〝表面はカリッとしてるが中はジュワッと軟らかくてジューシー愛好症候群〟というのがあるような気がする。

テレビのグルメ番組などを見ていると、食べタレの人がしきりにこの表現を用いる。

そうすると、見ているほうは、表面がカリッとしてるが中はジュワッと軟らかくてジューシーということならば、これはもう文句のつけようがなく旨いんだ、そうなんだ、そういうふうに料理した料理人も優れた料理人なんだ、そうなんだ、と、激しくうなずきつつ納得する。

この〝表《おも》カリ……〟ものには、焼き鳥、ステーキ、焼き魚、厚焼き卵、フライ物、唐揚げ……などがあるが、中でも代表的なのが餃子である。

表面はあくまでカリッ。

嚙みしめると中からジューシーな具がジュワッ。

餃子の料理人はそこのところに秘術を尽くし心血をそそぐ。

餃子の旨さはまさにそこのところにあり。

しかし、よく考えてみると、さっき首を激しくガクガク振って首肯した人たちは、そのとき、同じ餃子仲間の水餃子のことをすっかり忘れている。

焼き餃子と水餃子は双子の兄弟である。

それなのに、人は餃子の話をするとき水餃子のほうを無視する。

餃子の店に行って「餃子」と注文すると、何も言わなくとも焼き餃子が出てくる。

「焼き餃子にしますか、水餃子にしますか」

とは訊かない。

焼き鳥だって「焼き鳥三本ね」と注文すると、「タレにしますか、シオにしますか」と訊く。

そのぐらい水餃子はみんなに無視されているのだ。

双子の兄弟ではあるが二人の性格ははっきり違う。

焼き餃子は〝表カリ……〟だが水餃子は〝表モチ〟である。

中の具のところは大体似ているが、水餃子のほうの皮はモチモチ、ニュルニュル、ツルツル、ニョロニョロと軟らかい。

皮のほうの主張が焼き餃子よりはるかに強い。

皮のところはうどんやワンタンやスイトンなどの、いわゆる〝粉《こな》もん〟の味わいになる。

女性は粉もんが好きなせいか、水餃子のファンは女性に多いようだ。

女性を餃子屋に誘うと、「焼き餃子はイヤだが水餃子ならつき合う」という人が多い。

焼き餃子は料理のときに油がはねたり、お湯が飛び散ったり、音も派手だが水餃子のほうはいたって大人しい。

大きな鍋の中に、白くてきれいな肌の連中が大人しく湯につかっている。
お皿に取れば全員風呂上がり。
お肌ツヤツヤ、風景としてはとても平和で、その上色っぽい。

焼き餃子は全体に荒事だが、水餃子はまさに濡れ事である。

そう言えば、お肌ツヤツヤ全員風呂上がりの風景にしばらく接してないな、と思い、久しぶりに接してみることにした。

三鷹にある、水餃子がおいしいと評判の店である。

この店の水餃子はかなり大柄で体格が良い。体形をあまり気にしないタチらしく、全員太目である。

お皿の上に、太目、大柄体格が六つ、盛んに湯気を上げている。

久しぶりの対面なので、どう彼女らに対応していいかわからない。

そのうちの一人をお箸で持ち上げようとすると、なにし

ろお肌ニュルニュルと体重のせいでツルリと滑って落下する。二度、三度と落下する。

このあたり春巻きの厄介さに似ているが、春巻きよりツルリの分だけよけい厄介かもしれない。

ようやく持ち上げてタレにひたし、口のところに持っていく。

噛む。熱い。歯がジンジンする。

中はもっと熱いに違いない。

この先どうなるのだろう。

このまま噛んでもいいのだろうか。

このまま噛んだらそのとたん、中からものすごく熱い肉汁が出てきて口中大やけどということも考えられる。

焼き餃子だったら慣れているからこの先どのぐらいの熱さになるか予測がつくが、久しぶりの水餃子はそれがわからない。

そのうち問題がもう一つ発生していることに気がついた。

いま、餃子のちょうどまん中あたりを噛んでいるのだが、このまま噛み切って半分にして食べるほうがいいのか、丸ごと食べたほうがいいのか。餃子を口にくわえたまま、むなしく時間が過ぎていく。

思いきって半分に噛む。はたして熱い。ものすごく熱い。

しばらくは熱さの対応に追われる。

味わうどころではない。

口の中のものをあっちに転がし、こっちに転がし、ようやく熱さがおさまったところで咀嚼を開始すれば、まず最初はモチモチとした粉もんの愉悦。その次にくるのが熱湯で少しゆるんだ具の喜悦。

ゆるんでニチャニチャ化した具の一団。

具のまわりを取り囲んで、具を少し溶けこませてスープ寸前の肉汁。

それらの中をニョロニョロと立ちまわるフチの部分。

それにしても、こんなにも、アチーだの、口にくわえたあとどうしようと思案するだの、こんなに騒々しい食べ物はめったにあるものではない。

動く丼

日本人ほど食べ物の鮮度を気にする民族はいないといわれている。

スーパーやデパ地下では、「朝採り」とか「けさ水揚げ」とか「気仙沼港直送」などの表示がとびかっている。

とにかく新しければ新しいほどそこに価値が生まれる。

「きのう」より「きょう」。

「きょう」より「けさ」。

「けさ」より「いま」。

「エ？『けさ』はわかるけど『いま』なんて可能なの？」

と思う人もいるかもしれないが可能なのである。

テレビの番組でよくやっているように、海上に船を出し、釣りあげてすぐ刺身にして食べるのが「いま」。

その「いま」でさえ、どうもなんだかまどろっこしいな、という人もいるにちがいない。

生きた海老だったら
ちょっとォあんたたちィ

そういう人は船の上から海中に飛びこんじゃう。

そうして海中で口を開け、口の中に飛びこんでくるのを噛んじゃう。

鯨なんかはそういう食べ方をしているわけだから、あながち不可能というわけではない。

その場合、お醤油はどうするか。

魚が口の中に飛びこんでくる寸前にサッとお醤油をかける、という鮭の雄の生殖行為のようなことをするよりほかはない。

ワサビはどうするか。

手に一本ワサビを持っていて、魚が飛びこんできたあと大急ぎでかじる。

こうなってくると、新鮮な刺身が大好きという人は毎日会社を休んで船を出し、両手に醤油のビンとワサビを一本握って海に飛びこまなくてはならないことになる。

いずれにしても、ここにおいて、〝究極の新鮮〟の実態が明らかになったわけだ。

それは〝まだ動いている〟という状態である。

これが究極の新鮮の証明である。

日本には舟盛りという刺身の供し方があり、鯛を丸ごと一匹木製の舟の中央に据え、そのまわりに他の刺身を形よく並べていく。

この舟盛りの鯛のアゴはヒクヒクと動くことを要求される。

動かないと客の一人が箸で突つき、動くと動いた動いたと言って喜ぶ。

こういう新鮮な動く刺身を食べるためには、会社を休んで海に飛びこまなくてはならないというのが現状なのだ。

なんか他に方法はないのだろうか。

つい先日、

「テレビを見ていたらね、イカの活きづくり丼というのやっていて、丼の中のイカの足がヒクヒク動いてんの」

という報告が友人からあった。

詳細を訊くと、そのヒクヒク動くイカの上からお醬油をかけてかき混ぜてかっこむのだという。

日本に丼物は数あれど、丼の具が動いている〝動いてる丼〟は聞いたことがない。

鉄火丼のマグロの切り身がウネウネ動いていたら気味がわるいが、イカの足ならば、

「ま、しょうがないな」

という気持ちが働き、食べてみたいという気持ちになる。

新宿にあるというその店にとにもかくにも行ってみた。

店内に大きな水槽が二つあり、片方にはシマアジ、ヒラメなど何種かの魚が泳いでおり、もう一つのほうはイカ専用で十数匹のイカがスーイスーイと泳いでいる。

なるほど、水槽という手があったのだ。

海に出かけて行くのではなく、海を持ってきちゃう。

その〝イカの動き丼〟を注文すると、やがて一匹のイカが網ですくいあげられ、しばらくして動き丼がやってきた。

丼の中心にイカの足、周辺に胴体の細切りの刺身。

その足のうちの一本が、確かにヒクと動いた。

もう一本もヒクと動いたあと、丼の中はひっそりと静まりかえっている。

友人は「ヒクヒク動いていた」と言うが、どうもそういう激しい動きではない。

でも、まあ、イカにもその日の体調というものはあるわけで、この日はあまり体の調子がすぐれなかったのかもしれない。

それに足だって、元気な足と、それほど元気でない足があるのは当然だ。

自分では動きたがらないが、箸で突つくとピクリと動く。

何か刺激があると動く。

そこで、包丁で切られた傷口にワサビを押し当ててみたらどうか、そう思って気の毒ではあったがそうしてみた。

そうしたらやはりピクリと動いた。

やはりしみるのだろうか。

しかしよく考えてみれば、丼の具があんまり激しく動くのは考えものだ。

たとえば海老の生きてるのを具にしたらどうなるか。

ピチピチと跳ねまわって、あたり一面ゴハン粒が飛び散ることになる。

そこんとこへお醤油をかけたらどうなるか。

丼物には、やはりヒクヒク、ウネウネぐらいの動きがちょうどいいのかもしれない。

ついいましがたまで生きていたイカは、魚屋などに並んでいるイカとちがって体が透きとおっており、サクサクというかコキコキというかそういう歯ざわりで、やはり新鮮の力を感じる丼だった。

ラッキョウ漬けのカリリ

「ラッキョウが大好きです」

と、大きな声では言いにくい。

どうしても声が小さくなる。

そういう雰囲気がラッキョウにはある。

人に言うのをはばかる、というか、外聞が気になる。

たとえば、

「枝豆が大好きです」

ならばいくらでも大きな声で言える。

何も怒鳴ったりする必要はないが、誰に聞かれても恥じるところはない。

聞いたほうも、

「この人は精神的にも健全で、危険なところはない人なんだな」

と安心する。

この人の口の中には
らっきょう甘酢漬
が三袋入っている
これを今から一挙にガリッといこうとしているところ
はたしてどうなる?

枝豆にはそういうところがある。

ところがラッキョウとなるとそうはいかない。

危険分子とまではいかないが、どこかいかがわしい人、ちょっとヘンな人、うさんくさい人、と思われてしまう。

そもそも字がアヤシイ。

薤、または辣韮と書く。

「見たこともないぞ、こんな字」

と誰もが思う。

「どこから持ってきたんだ、この字」

と字の出所《でどころ》さえ疑ってかかる。

字そのものに邪悪がひそんでいて、この字の周辺では正義は行われていないな、という印象を与える。

それだものだから、ぼくはラッキョウが大好きなのだが、そのことを世間に知られたくない。

ラッキョウは甘酢漬けがその代表だが、塩漬けも好き、特にたまり漬けが好き。

たまり漬けというのは、甘酢漬けにたまり醤油が加わったもので、酢と砂糖とたまりのバランスがたまらなくおいしい。

できることならこうしたラッキョウ漬けのおいしさを、ラッキョウ同好会みたいなものをつくってみんなで語りあいたいのだが、なかなかそうもいかない。

世間から見れば、すでにしてアヤシイ人々の集まりである。

そういうわけなので、ぼくはラッキョウが大好きなのだが、そのことを世間に知られず、ひっそりとラッキョウ大好き人生を送っていきたいと思っているのに、これがなかなかむずかしい。

どうしても世間に知られてしまう。

そういう事例がひんぱんにある。

ラッキョウを購入するときに知られてしまう。

ラッキョウはスーパーやデパ地下で購入するのだが、こういうところでは買ったものをカゴに入れてレジに持っていくことになる。

ラッキョウ漬けの袋をカゴに入れる。

いつもなら、他にもいろいろな物を買って、その中にラッキョウの袋をまぎれこませてレジに持っていくのだが、他に買うものがない場合は、カゴの中にはラッキョウ漬けの袋がたったひとつ。

レジの人は、カゴの中のたったひとつのラッキョウの袋を見る。

お猿さんはたった
4回で剥き終えて
しまってりたの
だった

そうすると、どうしたって、

（このおじさんはラッキョウ漬けが好きなんだな）

と思う。

（このおじさんは、ラッキョウ漬けひとつのために、こうしてここへやってきたんだな）

と思う。

そのあと、レジの人が思うことはさっき書いたとおりになる。

すなわち、このおじさんはいかがわしい人、ちょっとヘンな人、うさんくさい人。

心身ともに健全な人であるのにそっちのほうに区分されてしまう。

ラッキョウは何層でできているのか?
(断面図)
長い間のナゾであったがこのたびたった4層であることが判明した!

デパ地下のレジは、一人がレジ専門の人、もう一人が包装・収納の人、というふうに二人がかりの場合が多い。

ぼくが去ったあと、二人で目くばせしてニヤリと笑ったりしているにちがいないのだ。

犯罪に遭った、と言ってさしつかえない。

レジが一人の場合は単独の被害だが、この場合はいっぺんに二人分の被害をうけたことになる。

こんな思いまでして買って帰ったラッキョウ漬けはいとしい。

不憫でもある。

被害者同士、慰めあい、労《いたわ》りあい、愛情はいや増す。

食べればいっそうおいしい。

いま、ラッキョウ漬けを食べる人は少ない。

特に買ってきてまで食べる人はあまりいないのではないか。

カレーライスのときだけ、つけ合わせとして食べるぐらいだと思う。

カレーライスについてくるラッキョウは小粒なものが多く、噛むと柔らかくぐしゃりとつぶれる。

ラッキョウのたまり漬けは粒がひとまわり大きく、嚙むとカリリとした歯応えがあって固い。

お新香のたぐいは、タクアンにしろ柴漬けにしろカリリとした歯応えが特徴だが、ラッキョウのたまり漬けのカリリはちょっと違う。

タクアンのカリリと比べてみよう。

タクアンの一切れは平べったい。

平べったいから、口の中のどの部分に放り込んでもすぐにそこに安定する。

ラッキョウは球体である。

球体は転がろうとする。

ラッキョウと日本人の口の中とのつき合いは古い。古いから対応の仕方を心得ている。

すぐさま臼歯に案内して、その中央の窪みに居座らせ、安定させておいてカリリと嚙む。

このときのカリリ感がいい。

皮たちでかろうじて結束していたものが、このひと嚙みでばらけてほぐれ、一瞬のうちに破砕されていく過程。

愉快である。

こたえられません。

香辛料の栄枯盛衰

日本にピザが初めて上陸したのはぼくの青春時代だった。

青春時代のまん中だった。

当時、ピザというものを知っている人はほとんどいなかった。

とにかく斬新な食べ物で、流行《はや》りもの好きだったぼくはいち速くそれを食べ、まだピザを知らない友人をつれて食べに行っては、

「ピザというものはだね、コレ、このようにタバスコというものをだね、ホレ、このように振りかけて食べるものなのだよ」

と得意になっていた。

思えば嫌な奴だった。

つくづくキザな奴だった。

青春時代のまん中は、胸にトゲ刺すことばかり……。

タバスコという香辛料に出会ったのもそのころである。

ホレ このように
あんれま
オラ こだらもの 見だごどね
地方の学生
ピュッ ピュッ
青春時代まん中の二人

生まれて初めて出会った香辛料で、何が何だかわからなかったが、珍奇という点では飛び抜けていて、当時の人々に大いにもてはやされた。

香辛料の世界にも流行りすたりはある。当時の日本の香辛料事情を見てみよう。

何といっても大黒柱は山葵《わさび》であろう。

そして辛子。

そして胡椒、七味唐辛子、山椒、ラー油と続く。

タバスコの加わる余地は

どこにもなかった。

北朝鮮は序列が命の国である。

北朝鮮的序列の考え方で、当時の日本の香辛料の序列を見ていってみよう。

ナンバー1は山葵、ナンバー2が辛子、このあたりは、日本の香辛料観測筋の一致するところだと思う。

ナンバー3あたりになってくるとかなり微妙になってきて、胡椒と七味唐辛子とどっちがエライか、観測筋もかなり悩むところではなかろうか。

ラー油も後世になってかなり幅を利かすことになるが、当時の地位はずいぶん低かった。

ましてタバスコの参入する余地などまるでなかったのに、ピザの協力を得て、一躍中枢に躍り出ることになったのだった。

香辛料の地位は時代と共に変動する。

現状はどうなっているのだろう。

最も顕著なのはタバスコの零落である。

どの家のキッチンにも、香辛料コーナーというようなものがある。

プラスチック製の、小じゃれた香辛料ボックスというようなものにひとまとめにして一族を収めている家庭は多い。キッチンの一隅に、一族が一家を構えているわけだ。

こういう小さいのでも
なかなか減らないのに
どうすんだ！
この大ビンは！
あるんです
TABASCO
TABASCO

いま、この香辛料ボックスにタバスコが入っている家はあるだろうか。

栄枯盛衰は世の習い、ラー油ごときものにさえ盛衰はあった。

こうしてみると、日本における山葵、辛子の地位の盤石ぶりに改めて驚かされる。時代は変われど、ナンバー1の地位は揺るがない。

和食の中心、刺身に山葵は欠かせない。日本人が愛好してやまない納豆、トンカツ、串カツに辛子は欠かせない。

長嶋さんなら、

「わが山葵と辛子は永久に不滅です」

と叫ぶところだが、はたしてそうか。何回も言うようだが、時代は変わっていく。

その不動の地位に、いま少しずつ影がさ

し始めていることに山葵も辛子も気がついていないだけなのではないか。

いま、山葵と辛子は、チューブ入りという形でその地位を保っている。

会社で言うと、チューブという机と椅子が、彼らの地位を保障している。

刺身とかトンカツとか納豆という議案が上がったら、いつでもオレんとこに来いよ、と、キッチンの香辛料ボックスの中でふんぞり返っている。

「オレたちがいないと、この家の料理は成り立たないんだよな」

と、その地位にすっかり安心しきっている。

だからキッチンでトンカツが揚げられ始めると、

「まもなくオレを呼びにくるんだよな」

と大きく構えている。

トンカツの場合は確かにやがて辛子に声がかかる。

「今夜はお刺身にしましょう」

などというその家の主婦の声が聞こえてくると、

「そらきた、オレの出番だ」

と山葵は身構える。

トンカツの場合は確かに辛子の出番だが、刺身や納豆の場合はどうか。

いま、人々は刺身や納豆をどのような形で食べているか。

刺身を食べようと思えばまずスーパーに行く。

スーパーでパック入りの刺身を買ってきて食べる。

そうすると、刺身のパックの中に山葵の小袋が入っている。

納豆はどうか。

スーパーで納豆を買うと、パックの中に辛子の小袋が入っている。

キッチンの香辛料ボックスの中で、ふんぞり返って待っているチューブたちには、いつまでたっても声がかからない。

声がかからないばかりか、自分たちの目の前で、自分たちの頭越しに事が順調に進んでいるのだ。

香辛料の長老たちの狼狽ぶりが目に見えるようだ。
こうした状況を見るにつけ、ぼくはつくづく思う。
どの世界でもそうだが序列の上のほうの生き方はこのようにむずかしい。
序列の下のほう、胡椒や七味唐辛子あたりの安泰ぶりを見るとつくづくそう思う。

五、常在戦場

――逆上、アセリを最高の友とする

うどん屋の地獄

自分のなに気ない行為が、周りの人を不幸のどん底に突き落とすことがある。めったにないことだが、たまに起こる。

太宰治は、自分が生きていることが他人を不幸にする、といっている。生まれてすみません、といっている。

つい最近、ぼくの身の上にもそういう事件があった。

その事件は大きなうどんチェーンの店で起こった。

某月の第二土曜日に起こった。

その日ぼくは、区営の野球場の使用許可書類をもらいに行き、手続きを終えて外に出た。十二時ちょっと前だった。

近くにうどんチェーンの大きな店があった。外に大きな提灯を出した誰でも知っている店だ。

ぼくの前にすでに三人の人が並んでいた。ほんのちょっと待っただけでぼくの番になっ

もう目が
見えません
鼻も聞こえ
ません
フッ
フッ

た。

店のマネジャーらしき男の人に「お一人ですか」と訊かれ、「そうだ」と答え、ぼくは四人掛けのテーブルに案内された。

店の中は八分の入りだった。

ぼくは、こういう店特有のカラー写真つきの巨大なメニューをゆっくり眺め、ゆっくり検討し、様々に迷い、やがて「けんちんうどん」(八三〇円)に決定した。

黒くて厚みのある鉄鍋に入った、いかにも熱そうなうどんである。

その日は北風の吹きすさぶとても寒い日だったので、けんちんうどんは最良の選択だと思われた。

このけんちんうどんが、多数の人々を不幸におとしいれるそもそもの始まりであったことを、そのとき当人は知るよしもなかった。

けんちんうどんを待っているほんの短い間に、なにやら店内は急速に混み始めた。

客のほとんどが家族づれであった。

この日は小学校が休みの第二土曜日だった。これが不幸の第二ラウンドであった。

このうどんチェーンの店の近くに大きな団地があった。これが不幸の第三ラウンドであった。

店内はアッという間に満員になり、二十人はすわれる待ち合わせの席も満席となり、立って待つ人さえ出てきた。

席があくのを待つ、老人、夫婦、子供、幼児、若夫婦、カップルといった人々の、ワイワイガヤガヤいう声が大きくなってきた。

見渡してみると、一人でやってきた客はぼく一人だった。

百人は入れるという店内で、一人客はぼくだけなのである。

そうして、この店のマニュアルが、ぼくおよび席があくのを待つ人々をいっそう不幸にするのであった。

これだけ大勢の人が待っているというのに、四人掛けのテーブルにたった一人ですわっているぼくの席に、相席の客を案内しないのである。マネジャーは頑として案内しないのだ。

うどん
このときは
まだ
不幸の張本人に
なることをしらない

そのことに気づいたとたん、ぼくは急速にあせり始めた。

他の席が客で埋まっているのに、ぼくのところの〝四人掛けに一人〟はとても目立つ。

二十人からなる、待つ人々のうらめし気な視線がぼくのテーブルに注がれている。

こうなったら一刻も早く食べ終え、一刻も早くこの席をあけるよりほかはない。

けんちんうどんがやってきた。

煮えたぎってやってきた。

コンニャク、ゴボウ、ニンジン、レンコン、豚肉の小片が、鍋の中で煮えたぎって踊っている。

それまで、うらめしそうにぼくのテーブルを凝視していた行列の先頭グループ、老婆、夫婦、子供二人が、その鉄鍋を見ていっせいに目を伏せた。

「よりによってまずいものが来ちゃったよ」

口にこそ出さないがそういう目の伏せ方である。

「非常識よねー。こういうときにけんちんうどんなんて」

そういう目の動きである。

よく考えてみれば、ぼくは非難されるようなことは何一つしてない。

そのことは先頭グループにもよくわかっている。

わかってはいるが、四人掛けに一人でけんちんうどんを食べている男を非難したい。

「ドジなのよねー。あんなに大汗かいて大あわてでけんちんうどん食べてもうまくもなんともないでしょうが」

そういうふうに非難したい。

ぼくはもう、流れる汗が目に入ってなにがなんだかわからない。急いで食べようとしても熱くて熱くて鍋の中のものがいっこうに減らない。本当に熱いのだ。まだ煮えたぎっているのだ。

「ドジなのよねー。だから『冷やしうどん』（三三〇円）にすればよかったのよ。そうすればもういまごろは伝票つかんで立ち上がっているころなのよ」

おまけにこの店のうどんはやけに長い。一本四十センチ以上ある。ズルズルズルズルすすっても、全部すすりこむのにかなり時間がかかる。

時間をかけてすすりこんでいるのを先頭グループは、

「もう少し早くすすりこめないものかしらねー」

という目でじっと見ている。

マネジャーだって、

「もしこのテーブルに四人すわっていれば、一人六百円の客としても二千四百円の売り上げ。それがこいつのおかげでたったの八百三十円」

と、うらめしく思っているにちがいないのだ。

生まれてすみません、うどんをすすりつつ本心からそういう気持ちになった。

ハンバーグの災難

人間いつどこで災難に遭うかわからないものだ。

ということをつくづく思い知らされた出来事がきのうあった。

何となく食べもの屋に立ち寄る、ということは誰にでもよくある。

特にお腹がすいてるわけでもなく、食事どきでもないが、心のどこかに何か食べてもいいな、というような気持ちで街を歩いている。

まさにそういう気持ちで吉祥寺の駅の近くを歩いていたのです。

そうしたら、店頭においしそうなステーキとハンバーグの大きな写真を展示した店があった。

店内からおいしそうな匂いもしてくる。

ステーキのほうはともかく、ハンバーグの写真にピンとくるものがあった。

このハンバーグはいける！

そう思ったとたん、

「ハンバーグで生ビール！」

という発想が頭に浮かんだ。

店に入る。テーブルに座る。

店の人に、

「ハンバーグと生ビール！」

と告げる。

ここからわが災難がスタートしていたことを、そのときは知る由もなかった。

「何グラムのハンバーグにしますか」

と訊かれたのである。

思いもよらぬ質問であった。

このときのぼくの頭の中のハンバーグは、丸くて平べったくて茶色い色をしたハンバーグであって、その重量についての発想はどこにもなかった。

あわててメニューを見る。

そこには、

「その日の気分でお好みの量を選べるのが当店の特徴」

という文字が見える。

「1g　¥4・5」

という文字も見える。

「肉屋の量売り食堂　听屋《ポンドヤ》」

という文字もある。

「Hamburg　200g　¥950」

「Hamburg　350g　¥1575」

「Hamburg　400g　¥1800」

なども見え隠れする。呆然となった。

こっちは、何か食べてもいいな、などという甘い考えでいたのに、突然、いま、すぐ、一つ一つにテキパキと答えなければならない難問の数々が提示されたのである。

まずいことに、当方は名うての優柔不断男、グズグズ男である。

とりあえず、

「エト、エト、エト……」

という言葉を発しておいてから、

「200g　¥950というのを」

と辛うじて口にすることができた。

とにもかくにもこれで一件落着、ヤレヤレと額の汗を拭いていると、

「ハンバーグには5種類のソースから選べますがどれになさいますか」

という声が聞こえてくる。

メニューを見る。

「BBQソース」「おろしポン酢」「岩塩とフレッシュレモン」「ガーリックオニオン」「ハーブトマト」の5種類。

しかもその一つ一つに、たとえば「BBQソース」ならば（ガラムマサラをアクセントにした、ちょっぴり辛い焼肉ソース）などの解説がつく。そして更にこうある。

「ソースは一種類まで無料。追加おかわりはプラス¥50」

単にどのソースにするかだけではなく、「一種類まで無料」ではあるが、二種類取ってもいいわけだし、いや三種類……そうすると50円ずつ取られるし、それにして

も、この長たらしい名前と長たらしい解説たちよ、一つ一つ読んでいくだけでもかなりの時間がかかって、刻々と時間は過ぎていくし……。

これはあれだな、このメニューをもらっていったん帰宅し、一晩ようく検討して翌日出直す、ということを考えたほうがいいかもしれないな。

いやいや、決断はいますぐ、即刻、待ったなし。

とりあえず、またしても、

「エトエトエト」

という言葉を発しておいて（事態が逼迫したので句読点がなくなっている点に注目）、もう半分自暴自棄、「『岩塩とフレッシュレモン』（選び抜いたお塩とレモンがお肉にマッチ）というのをお願いします」

と言い、言ったあと、

「岩塩とフレッシュレモン」

とだけ言えばよかったのではないか。

「選び抜いたお塩とレモンがお肉にマッチ」

という解説のほうまで言う必要はなかったのではないか、と、しきりに反省したりして、頭の中は大混乱、大紛糾、大逆上。

とにもかくにもハンバーグの重さも告げた、ソースも多少余計なことを言ったかもしれないが一応告げた。

ヤレヤレ、本当にヤレヤレ、ヤレヤレもいいとこ、と思いながら何気なくメニューを見る。

するとそこに「トッピング」というコーナーがあるのだった。

「ハンバーグやステーキにお好みでトッピングしてカスタマイズ」

とあって、

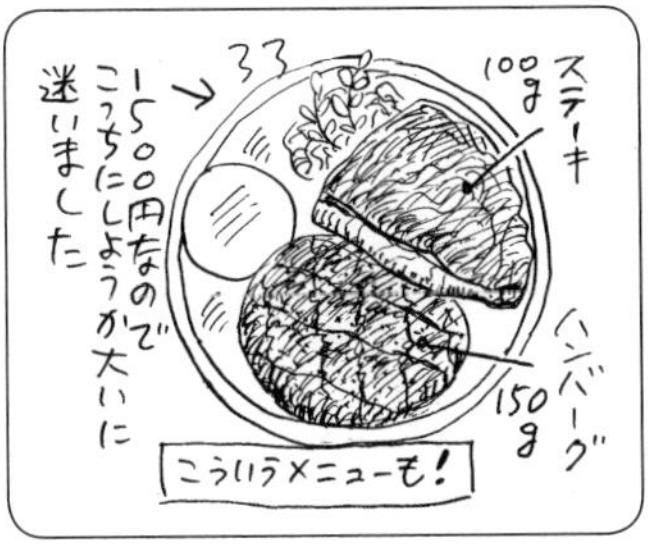
ステーキ
100g
ハンバーグ
150g
ココ
1500円なので
こっちにしようか大いに
迷いました
こういうメニューも！

「トマトスライス」「目玉焼き」「ガーリックチップ」「チェダーチーズ」「丸ごと素揚げニンニク」「チリコンカン」（以下略）
の文字が並んでいるのだった。
そして更にその横に「ディップ」のコーナーがあり、
「肉屋が考える肉をおいしく食べるためのディップ」
とあって、
「シャンピニオンデュクセル」「セミドライトマト&オリーブ」……（以下略）
息つくヒマもないのであった。

大論文「食べ物における団体と個」

今回は別のテーマで書こうと思っていた。

その別のテーマで五行ほど書いたところで、急にヘンなことを思いついた。

天啓というのだろうか、突如ひらめいたのである。

「食べ物における団体と個」というテーマがひらめいた。

ぼくにはしばしば天啓がやってくる。

天啓は常に突然やってきてぼくの頭脳全体に響きわたってぼく全体を支配する。

一種の天啓症候群とでもいう病気かもしれない。

ニイチェもしょっちゅう天啓に襲われ、そのつど超天才的な発想を得て発表し、世界中を驚かせた。

しかしニイチェといえどもその天啓には高品質物と駄物があったように、ぼくの天啓もまたその轍を踏まないとは保証のかぎりでない。

それでは、これからそのニイチェ的天啓によるヘンな発想を発表していきたいと思う。

ヘンな発想など読みたくないッ、やめろッ、ヘンじゃないことを書けッ、だって?

無視。

「われわれが日頃食べているあらゆる食べ物は、団体と個に分類することができる」

マヲは貴下の大論文を全面的に是とする者である
さつま芋

これが今回の、天啓によるテーマである。

とりあえず団体のほうからいく。

団体の食べ物とは何か。

ゴハンである。

茶わんによそってあるゴハンは、ゴハン粒の集合体、すなわちゴハン粒の団体である。

あー、やっぱりヘンなことを言ってる。

そのへんでやめておきなさい。

いまのうちなら罪は軽い、だって?

無視。

さつま芋はどうか。

さつま芋を一本、いま手に持っている。

このときのさつま芋は明らかに個である。

このときわれわれはさつま芋を個として扱っている。

ね、わかりやすいでしょ。

ぼくの言わんとする「全食べ物、団体、個、分類可能説」とは、こういうことを言っているのです。

だからどうだって言うんだッ。

食べ物が団体と個に分けられるからといって、それにどういう意味があるんだッ。

無視。

ここでとうもろこしを考えてみましょう。

いま、とうもろこしを一本手に持っている。

さっきのさつま芋と同様、手つき、動作は同じである。

このときわれわれは、さっきのさつま芋と同様、とうもろこしを個と認識して付き合っている……などと安心してもらっては困る。

一本のとうもろこしには多数のとうもろこしの粒が付いていることを忘れてもらっては困る。

多数の、と言うからには当然団体である。

うーむ、困った。

自分はいま、このとうもろこしを個と認識して付き合っているのか、それとも団体として付き合っているのか。

あのねえ、どっちだっていいのッ。

そういう分け方、もともと意味がないのッ。

無視。

まてよ、魚の場合はどうなるのか。

鰯の塩焼きが一匹、皿の上にのっている。

堂々一匹、堂々個。

一匹対一人、個と個である。

魚の場合は実に明快ではないか。

さつま芋の場合よりはるかにわかりやすい。

では目刺しの場合はどうなるのだろう。

皿の上に一連の、と同時に四匹の鰯がのっている。

この四匹ではあるが一連でもある鰯たちとどう付き合うことになるのか。

グループ交際……。

うん、そうだ、そのように考えればよいのだ。

これで目刺しの問題は解決した。

ではかれいの煮つけにテーマを移そう。

かれいが丸ごと一匹なら、鰯の塩焼きと同様、何ら問題はない。

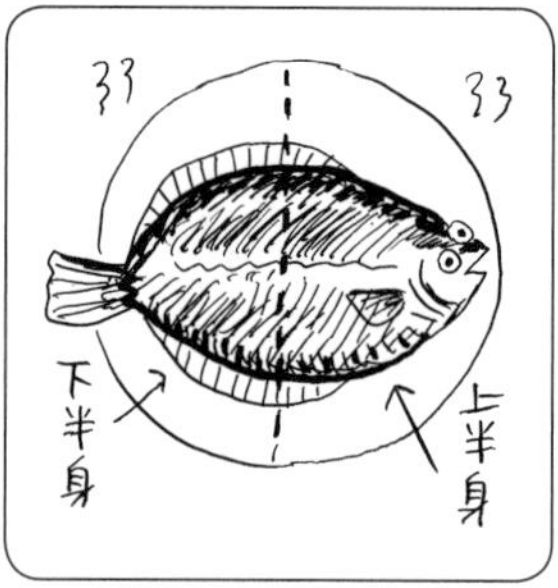

大きめのかれいは、しばしば上半身と下半身に分断され、どっちかだけが皿にのって出てくる。

さあ、問題が複雑になってきたぞ。

一匹ではなく半匹である。

半匹は個と言えるのか。

それに、上半身なら何ら問題はないが、下半身が出てきた場合はどうなるのか。

下半身だけが皿にのって出てきた場合、下半身とだけ付き合うことになる。

下半身とだけ付き合うというのは人間としてどうなのか。
道徳的と言えるのだろうか。
だからねえ、個とか団体とかいう考え方はもともと無理なのッ。
個人だろうが団体だろうが、どっちでもいいのッ。
無視。
個人でも団体でもどっちでもいいということになると、オリンピックはどうなる。
メチャメチャになってしまうぞ。
ああ、わたしはいま忙しい。
心配事もいっぱいある。
わたしの胸は不安にうち震えている。
ぶどうの問題をどうするか。
枝豆の問題をどうするか。
一房のぶどうは団体であるが一粒のぶどうは個である。
枝豆のサヤは団体だが、一粒の枝豆は個である。
いや、まだまだある。
そら豆、どじょういんげん、さやえんどう……。

鰻重グジャグジャ

鰻重をとる。
鰻重がくる。
鰻重のフタを開ける。
そうすると、
あー、ありがたい、
あー、かたじけない、
あー、畏《おそ》れ多い、
という気持ちでいっぱいになる。
鰻重には犯しがたい何物かがあり、辺りを払うところがあり、気圧《けお》されるところがある。
迫力ありますからね、鰻重は。
値段が高いということもあるが、黒光りするフタに蒔絵みたいなものを施し、フチのところが金ピカのものもあって、向こうだって金の力で圧倒しようという魂胆はもともとあ

るわけで、丼から重箱に引っ越したときにその思惑はあったわけだし……。

もちろん鰻自体にも迫力がある。

ふっくらと飴色に焼きあげられて重箱いっぱいに展開する鰻は、見る者をして陶然とさせる実力がある。

自分で金を払った自分のものに、気圧されたり威圧されたりするのもどうかと思うが、鰻重を目の前にするとどうしてもそうなる。

そういうわけだから、いよいよ鰻重を食べるときは少し畏《かしこ》まって食べる。

粛々と箸をすすめる。

重箱のはじのところから、整然と整地しつつ恭《うやうや》しく食べる。

食べ散らかしながら食べるなんてとんでもない話だ。

というような食べ方をいままでずっと続けてきたわけです。

でもよくよく考えてみると、相手は鰻でしょう。

わけもわからずニョロニョロ動いてるだけの魚でしょう。

そんな奴に威圧されたり気圧されるなんて口惜しいじゃありませんか。

このへんで民《たみ》百姓の意地を見せてやる。

と思ったんですね。

どうやって民百姓の意地を見せるか。

めちゃめちゃに掻きまわして、ぐずぐずに崩して食ってやる。

エラそうにしてる奴をガタガタにしてダメにしてやる。

箸で重箱の右上からナナメ左下に、次に左上から右下に、大きく×を書いてダメにしてやる。

そのあとは箸の先で右に左にグジャグジャグジャグジャ……。

いや、実をいうと、これ、いっぺんやってみたかったんです。

鰻重をグジャグジャにして食べたらどういう味になるのか。

どうせやるからには、櫃《ひつ》まぶし風の手ぬるい掻きまわし方ではなく、韓国風徹底掻きまわしグジャグジャ方式で鰻重を食べたらどういうことになるのか。

かえっておいしくなるのか、それとも食えたもんじゃない味になってしまうのか。

近所の鰻屋から出前をとった。

(上)千八百円。

千八百円の鰻重のフタを取って、いざ掻きまわそうと箸を構えてひるんだ。

飴色に焼きあげられて重箱いっぱいに展開しているこのものは崩してはならないものである。

鰻屋のおやじが、崩さないように、崩さないように苦心惨憺《さんたん》して焼きあげたものだ。

鰻屋の技術は、串打ち三年、裂き八年、焼き一生といわれている。

そもそも串を打つのは鰻の身を崩さないためで、

そこからこの商売はスタートしているのだ。
しかし、ここでひるんでは民百姓の意地を通せないことになる。
箸を鰻の身のまん中に打ちこんでグイと左に、ズズーと右に。
上下を入れ替え、掘り起こし、裏返してガシャガシャガシャ。
タレのしみてるごはん、しみてないごはんガシャガシャガシャ。
意外なことに、こうまでしても鰻の身はそれほどこまかくならない。
特に皮のところが簡単に千切れてくれない。

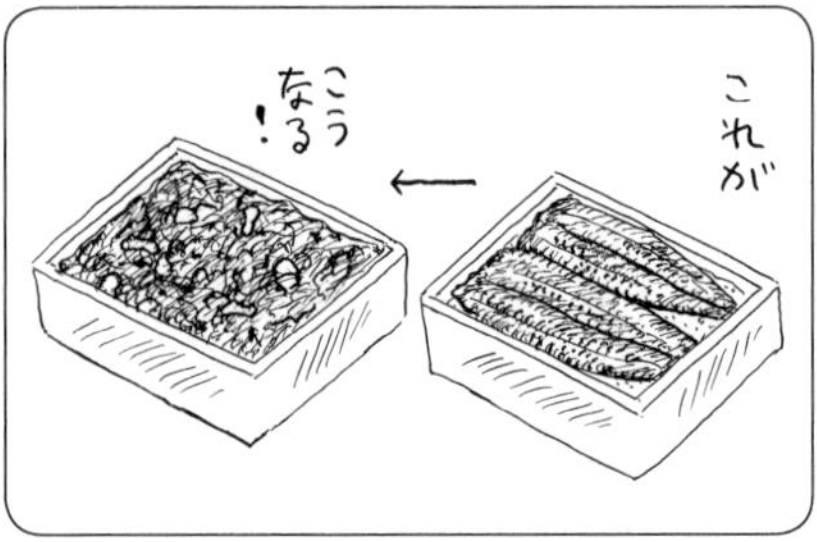

しばらくは鰻を千切ってはごはんに混ぜこむ作業に専念。
ようやく鰻とごはんの混ぜごはんになった。
景色は意外にわるくなく、おいしそうな混ぜごはんになった。
一口食べてみる。

これまた意外においしい。

ごはんにいっそう鰻の味とタレの味がしみこんでいる。

うん、これはこれでなかなかおいしいものだ。

ただ、定番の奈良漬をいつ食べたらいいか。

正式の鰻重のときは、タレのしみてないごはんの白いとこを拾いあげては奈良漬をかじる。

このひとときが、鰻重を食べるときの楽しみの一つだ。

白いとこのない韓国式のほうはこのひとときがない。

鰻の混じったごはんを、次から次へ食べていくだけだ。

と思ったときすばらしい考えが浮かんだ。

奈良漬をこまかく、3ミリ角ぐらいに刻んで混ぜたらどうか。

これがよかった。正解だった。

鰻混じりごはんを食べていると、ときどきポリッと奈良漬が歯に当たる。これがいい。

結論。

韓国式鰻搔き混ぜごはんはおいしい。

半分をふつうに食べ、半分を搔き混ぜて食べるという方法もある。

しかしこの掻き混ぜ食い、出前で食べたからいいけど、これを鰻屋でやったらどういうことになるか。鰻屋のおやじの目の前でやったらどういうことになるか。

鰻屋だけではない。

お客に行った家で鰻重をとってくれて、その家の人の目の前で、いきなりグジャグジャに掻きまわしたらどうなるか。

スペシャル対談

【後編】ラーメン屋の不思議

東海林さだお・南 伸坊

二人の話はいよいよ佳境に。
おそば屋さんのお茶が「いつまでタダか」の大問題。
刺身には、わさびと醤油のどっちが先か。
暗号を駆使するラーメン屋の店主は、なぜ威張るのか。
メシと酒——じっくりと、こだわってみよう。

自販機のお湯でひと儲け！

南　東海林さんの「あれも食いたい　これも食いたい」（「週刊朝日」連載）、ずいぶん長いですよね。何年ぐらい続いてるんですか。

東海林　今年（二〇二〇年）で三十四年目に入ったと言ってたかな。

南　よく食いものだけで続くなぁ、誰にもマネできない。

東海林　白湯《さゆ》ってあるでしょう。僕、別の原稿ですが「白湯」で二ページ書いたことがある（笑）。どんな題材でも挑戦したら、けっこう書けるんです。

南　東海林さんなら……。でも、あれですね、白湯って実際おいしいですよね、水より。

東海林　おいしい。なんの味もしないし、温度だってあいまい。飲みやすい。とてもホッとする。

南　むしろ、お茶より白湯、飲みたいと思うときあります。

東海林　風邪が治り始めのころ「白湯が飲みたい」と思う。冷たくてはダメ。

南　自動販売機は、お茶のあったかいのは売ってるのにどうして白湯がないのかな。お茶をあっためる機能はあるんだから、水を入れておけばいいわけですよね。

東海林　たぶん経過が必要なんだと思う。熱かったのが徐々に冷めてきたんだと頭の中にありつつ飲むからおいしいんじゃないかな。なんでも経過、過程が大事。

南　アレ？　東海林さんがおっしゃってる白湯は、冷めてなきゃいけないんですか。

東海林　いったん沸かして、それを冷ました「湯冷まし」が極上。冷めすぎても困る。

南　僕も、お湯について一ページなら書くことは可能ですね（笑）。水って必ずものすごく冷たいじゃないですか。自販機でお湯売ったらきっと儲かると思うなあ。

東海林　売れるかな。買う人いないかもしれないよ。

南　「あったかいものを飲みたいんだけど、お茶を飲みたいわけじゃない」という人もいると思うんです。

東海林　そういう運動を起こしますか。「ただのお湯を売れ！」という運動。

南　「何でお湯を売らないんだァ！」（笑）。

東海林　お茶もすごく変わりました。昔は客が来てお茶を出すっていうと、茶筒があって急須があって茶漉しがあって、その過程を経てお茶が出る。今はペットボトルでしょ。

南　いきなりペットボトルが置いてあります。

東海林　会社の会議でも、テレビで見てると、今はペットボトル。国際会議なんかでもペットボトル。お客さんに熱いお茶を出すという、あのお茶のイメージがこれから先どうなるか。絶滅しちゃうのかな。

南　あり得ますね。麦茶はもう家庭で絶滅してます。

東海林　おそば屋さんは、とりあえずお茶が出てくるけど、おそば屋さんもそのうち出さなくなって、お金を取るようになりますね、たぶん。おそば屋さんのお茶が将来どうなるか問題、これは見つめる必要があると思う。

南　中学生のころ、ラーメン屋さんで「お冷やください」って言ったら、「はい十円」って。

東海林　取るの？

南　取らないんです。冗談なんです（笑）。びっくりして十円出そうとしたけど、今は冗談にならないです。昔は「お金払って水を飲むか？」って感じでしたけど、今、完全に洗脳されましたよね。買ってるものね、お金出して水を。「水が一杯百円!?」って（笑）。

スパゲティのクルクル食べ

東海林　まったく。それと、食べ方の変化というのもあるでしょう。たとえば、スパゲティーの食べ方の変化。

南　高校生のころ、伊丹十三さんが『ヨーロッパ退屈日記』という本を書かれて、そこにスパゲティーの正しい食べ方が載ってた。まずお皿の上に場所をつくって……。

東海林　そうそう、フォークでスパゲティーを向こうに押し出して、手前に少しスペースをつくって。

南　そこにちょっとだけスパゲティー持ってきて、フォークを立ててクルクルッと。

東海林　スパゲティーは三本ぐらいでいい。

南　あんまり多く持ってくると、たいへんなことになっちゃうから。

東海林　それを知ったうえで、今もクルクルッとやります？

南　ええ、けっこうやってますよ。

東海林　それ、フォークにちゃんとからまります？

南　からまるんじゃないですかね。

東海林　そう？　僕、三本ぐらいでクルクルッとやってもずり落ちちゃう。

南　そうかな。わりとできてますね。

東海林　おかしいな（笑）。でも、不安はけっこうあるんじゃないですか。ずり落ちるんじゃないかと、あわてたりして。

南　最初のころはそうでした。でも、今はだいたいクルクル回すのは、なしになってませんか？　フォークを裏返してその上にごはんを乗せて食べるの、今、だれもやらないでしょ。

東海林　フォークの裏返しライス。新幹線に食堂車ができたころ、ずーっと見てたらみんなやる。でも揺れるから難しい。口に持っていく前に落ちちゃう。

南　今やったら、「え〜っ？」って言われるんじゃないですか。

東海林　滑稽です。

南　スパゲティーもてきとうに食べてよし、になってますよ。

東海林　最初は「俺だってちゃんと知ってんだかンな」って。そのうちだんだん面倒くさくなって、麺を横からすくう。最後は一カ所に寄せて、おそばを食べるみたいにズルズルッと。だけど、周りの目が（笑）。

南　アハハ、周りも見てないですよ。

東海林　昔、新宿の紀伊國屋ビルの地下にスパゲティー店があって、やっぱり席がコの字になってる。食べてる人が全部見えるんですよ。みんなどうやってるのかなと思って観察すると、最初はクルクル、そのうちすくう、最後はズルズル。大体その〝コース〟。スパゲティーのうどん食い。

南　そうかあ、そういや最近、外でスパゲティー食べてないなァ。

肉の次はネギ。
考えてるんだから「あっち行け」

東海林　刺身も、隣はどうしてるかいちおう気になります。まず、わさびを刺身に塗って、それを醤油に浸すというのがツウらしい。でも、なんか面倒くさい。そのうち自暴自棄になって、大量の醤油にワサビを溶かしちゃって、そこに直接浸して食べる。みんなのスキを見て（笑）。ツウの人が冷ややかな目で見てても。

南　焼肉は、「あんまり焼くとダメ」ってことになってるじゃないですか。うちの近所の焼肉屋さん、あんまり焼いてると明らかに失望してますよ、顔が。

東海林　「あそこの人、黒焦げにしてる。もったいないな」ってず～っと気にしてる（笑）。

南　ちょっと焼いてパッと食ってほしいなと思ってるらしくて。どんどん固くなってまずくなっちゃうって。

東海林　すき焼きもそうだよね。肉をいきなりドドッと入れちゃう人がいて、ちょっとウルサい人は腹を立てるのね。ニクんだりする（笑）。実際、鍋の中をグチャグチャにしちゃう。そういう人に限って他人の視線を気にしない。

南　高級なすき焼き屋は、店の人が全部仕切りますね。

東海林　入れる順番まで決まっていて、いじらせない。あれもつまんない。なんかしたい（笑）。

南　アハハ、なんかしたい（笑）。

東海林　肉の次はネギを食べたいな、と段取りを考えてるのにシイタケ入れたり。自分なりの順番を楽しませてほしい。でも、ああいうときに「僕にまかせてください」って言えないよね。「シッシッ、あっち行け」とか（笑）。

南　言えないですね。

東海林　そういう店に限って、女将さんが厳然と仕切ってる。カニなんかもそう。

南　店の人が全部ほじくって、身をキレーに山盛りにしてね。

東海林　苦労するからいいんです、カニは（笑）。

南　でも、最近はとりやすくなってますよね、うまい具合に包丁を入れてある。だけど、上海ガニなんか難しい。中国人が横目で「あんな食べ方して」みたいに見てたことありました。

東海林　「すすれ」とかね（笑）。仲坊さんは、焼肉でも自分で焼きたいほう?

南　できればやってもらったほうが……。

東海林　あ、そうなの?　大体わかってきた、仲坊さんの性格が（笑）。面倒くさいのね。こだわらない。自分を殺す。シンボーする（笑）。

南　いや、こだわらないってほどじゃない、おいしいのは好きなんで。

東海林　お殿様タイプなんですね。お殿様って、与えられたものを文句言わずに食べる立場。「まかせた」という。

南　いやいや、「くださいますれば、いただきます」「くださいませんければいただきません」って（笑）。

ラーメン店の暗号
「マシマシ」「チョモランマ」

東海林　そういう生き方のほうがラクだね。今は逆の時代で、必要以上にこだわるでしょう。店主がラーメンのスープにこだわっているとか。

南　でも、世話焼きがいてくれるとおいしいもの食べられるんじゃないですか。自分で開拓するより、友だちから「あそこ、うまかったよ」って聞くとそこに行くとか。

東海林　主体性がないな（笑）。

南　でも、まずいのはイヤなんですよ。

東海林　もちろんおいしいほうがいいけど、そこに至る過程はどうでもいいんだ、仲坊さんは。

南　そうですね。すみません（笑）。

東海林　だけど、初めて行ったラーメン屋なんか、みんな〝暗号〟を使うからわからないですよ。

南　そうです！　困りますね、アレ。

東海林　「ラーメン二郎用語」とかいって、「マシマシ」とか「メンカタ」とか「チョモランマ」とか。

南　「チョモランマ」？

東海林　トッピングの野菜とニンニクの量を多くするのが「マシマシ」で、もっと大量に乗っけるのが「チョモランマ」（笑）。麺を固めに、が「メンカタ」。二郎ファンの「ジロリアン」はみんな暗号を言うから、初めて行った人はわからない。周りの人は全部ジロリアンで、「こいつ、迷惑だ」って顔でジロッと見られる（笑）。

南　アハハ、昔、磐梯山（福島県）に行ったら、ものすごくひなびたラーメン屋さんがあって、入って行くとメニューが壁に二つ貼ってあったんです。「ラーメン」と「ラーメン大盛り」、それしかない。さすがに「ラーメン」だけじゃ寂しいと思ったんですかねぇ（笑）。

東海林　ふつうはラーメン、餃子、チャーハン……。
南　最低そのぐらいありますよね（笑）。
東海林　ぼくは食べものについてのこだわりは、大好き。でも、ラーメン屋はこだわりすぎ。
南　神田小川町の、昔、筑摩書房があったあたりにものすごくはやっている店がありましてね。そこはお客が外にいっぱい並んだりする店のはしりだったんじゃないかな。ところが、店主エラソーっていう反発もあった。
東海林　威張ってる人がいるよね。黒シャツ着て、偉そうに腕組んでお客が食べてるのをにらんでる。
南　それの元祖みたいなお店でしたね。
東海林　ラーメン屋のオヤジさんって、なんであんなに偉そうにするんだろうね。
南　自分がこの味を編み出したんだ、というプライドがあるからっていいますね。外国人は、商売やって儲かったら人にまかせる。「儲かった人が偉い」ということらしいんだけど、日本人はそうじゃないんですね。すごく繁盛して儲かっても、さらにもっとうまい味を追求する。「道《どう》」みたいな感じで。

東海林　ラーメン道ね。そっちに進むんだ。

南　方向としては正しいような感じがしますけど、僕は。

東海林　だけど、あんなに増長させるのはおかしい。本人もその気になっちゃう。

南　周りに崇拝者がたくさんいますから。

東海林　「私語禁止」とかね。行列してるときはみんなしゃべってるけど、店に入ったとたんに無言になる。

南　最近はそこに外国人が並ぶんです。

東海林　あれでずいぶん景色が変わりましたね。

南　それで延命したとも言えるかもしれない。

東海林　ああ、かもしれません。一時、ラーメン本がすごく出てましたけど、それが下火になりました。なんでだろう。

南　好みが分かれて、ちゃんとお客が入るようになったんじゃないですか。

東海林　一時の熱狂がおかしかったんじゃない？　みんなが「これはおかしい」とふと気がついたんじゃないかな。

南　「ホームラン軒のラーメンは日本一うまい」って主張するやつがいて、仲間で「何がいちばん好きか」という話になったときに、そいつ「ホームラン軒の大盛り」って言うんです。「日本一は？」って聞かれたら「ホームラン軒の並み」（笑）。

東海林 そういう話は嫌いじゃない（笑）。

南 居酒屋のオヤジでも気難しい人いますよね。神楽坂にそういう居酒屋がありますよ。お店の中、緊張で静まり返ってる。

東海林 どういうつもりなんですかね。でも、けっこうみんな行くんです。そういうのが好きな人もいるんですね。マゾッ気があるのかな（笑）。

タピオカのようにうどんをストローで

東海林 タピオカが若い人のブームになってましたけど、あれはゲームみたいでおもしろい。遊びみたいな感じ。

南 あ、さすがに飲みました。タピオカは飲むって言うらしいですね。原材料がすごく安いのと、設備投資が必要ない。あとは紅茶だけだから、タダのようなものなんでしょう？　だけど、高いんです。

東海林　原価三十円ぐらいのものが、五百円ぐらい。

南　でも、もうすぐ終わりみたいな話ですね。

東海林　なんでこれだけブームになったのかな。タピオカの前にナタデココというのがあって、あれもブームになりました。

南　ナタデココのころのタピオカと、今のタピオカとは違うんじゃないですか。材料は同じだけど、食べ方が変わってブームになった。前のタピオカブームのときは、ストローじゃなかったんですね。食べ物をあんなふうにストローで吸い込むって、あんまりないですよ。

東海林　ゲーム性があるね。太いストローでいろんなものを吸い込むとおもしろい。うどんを吸い込んだり（笑）。

南　それ、発明ですね。外国人はおそばを食べるのが苦手でしょ。外国人向けにストローでそばとか吸い込む。

東海林　音を立てないでね。そうか、それ、まだみんな気がついてない。商売になるんじゃないかな。クルクル曲がりくねってるストロー、あれでそうめんを吸い込む。

「孤独のグルメ」は
たいへんだね

南　東海林さん、テレビの料理番組を見て、自分でつくってみるとかされますか？

東海林　ＮＨＫの料理番組なんかで、「あ、これいい。よし、あしたつくろう」って。次の日いざつくろうとすると、覚えてないのね、ぜんぜん（笑）。

南　アハハ、忘れます、フッー（笑）。

東海林　伸坊さん、テレビのグルメ番組は、あんまり見ないですか。

南　いや、見ます。みんな「うまい！」って言うけど、本当にうまいのかどうか、疑ってますね。食レポとか言って、でも、そんなに上手な人いませんよ。

東海林　僕もそう思うな。「口の中にパッと香りが広がって」とか、「とろける」とか、そんなのばっかり。

南　大体とろけますね、フワーッと（笑）。

東海林　ひとりメシの番組があるでしょ。「孤独のグルメ」。主人公のあの人（松重豊）、難しいですね。何も言わないで、食べてるところだけでおいしそうに見せなきゃいけない。ひとりで「おいしい！」って騒ぐわけじゃないから。それと、ビールのコマーシャル。タレントはみんな困ってると思うね。ビールの最大級のおいしさを表現するってことに、みんな苦心してる。のけぞったりして（笑）。

南　最初からうまそうにしちゃダメ。

東海林　ゴクッて飲んでからみんな何か言う。昔、三船敏郎の「男は黙ってサッポロビール」というコマーシャルがありましたね。世界のミフネはグッと飲み干して「プハーッ」。口の周りの泡を吹き飛ばすだけ。

南　懐かしい。ものすごく前ですね。50年たちましたよ。

東海林　今の若い人ってあまりお酒飲まないみたい。

南　ビールも飲まないっていいますね。

東海林　チューハイとかそっちのほう。

南　僕らは若いころ、ウィスキーけっこう飲みましたけど。

東海林　飲まない人はどういう神経をしてるのか（笑）。よく飲まないで生きていられるな。ところで、伸坊さんは食べものの好き嫌いは？　急に今日の対談のテーマを思い出した（笑）。

南　ないです。強いて言えばマズイもの（笑）。

東海林　近ごろのテレビは、こだわり番組おおはやり。伸坊さんが乗り込んでいって「こだわらない男」って番組はどうかな。

南　いや、うまいものは好き。

東海林　そこだけは譲れないんだ。僕もいつまでも、メシを前にしてオロオロしたり、ワクワクしたり、ドギマギしたりする気持ちを大事にしたい。

南　それが東海林さんですよね、しかもムリしてないもん。僕は、最近は食べものに関してはあんまりオモシロクなくてもいいんですね。なんでもない、けど、おいしいのが好き。

東海林　結論が出ました（笑）。伸坊さん、ひとりメシの心強い「初心者」なんですね。前途洋々です。

〈構成／一木俊雄〉

六、談論風発

――ひとりなのに、心の中で大論争を起こす

担々麺における液状化現象

液状化現象が、いま食べ物の世界に蔓延しつつある。

スープカレーが流行っている。

スープスパゲティが多くの店のメニューに載るようになった。

スープチャーハンが注目され始めている。

担々麺の汁の水位は年々上昇してきた。

これらの現象はいったい何を物語っているのだろうか。

わたくしはいま恐ろしい予感にうち震えている。

これは何かの始まりではないのか。

水面の上昇は陸地の水没化を意味する。

いままで陸地であったところ、すなわちカレーにおけるライスの丘、スパゲティにおける麺の孤島、チャーハンにおける炒めライスの小山、そのいずれもがその周辺を水面で取り囲まれたのである。

ラーメンライスは貧乏くさいが
担々麺ライスはセレブ！
このドロドロをライスにかけて次にこの挽き肉でライスを一口
担々麺
ライス

こうしたことは、これまで一度も人類が経験したことのなかった現象である。

イタリアのベニスの海水面も上昇しつつあり、ベルギーもその対策に苦慮している。

アジア大陸沿岸の小さな島は水没のおそれさえあるという。

つまり、わたくしがここで言いたいのは、地球全域にわたる海水面の上昇と、食べ物界の液状化現象、水位の上昇は連動している、ということなのである。

この二者の連動はどこでどのように繋がっているのか。

わたくしはいまそれを語る勇気を持たない。

神の警告の一つ、とだけ答えて今回のテーマ、担々麺に話を持っていきたい。

担々麺は、その発祥の地中国の四川《シセン》では汁なし麺であったという。

汁ではなく、ゴマ風味辛味噌ダレを麺にまぶし、その上に肉味噌炒めをのせたものであった。

かつてテレビの料理番組で大活躍した陳建民という人がいた。

この人が日本人向きに汁を加えた担々麺をメニューに載せたのがいまから四十年前だった。

それ以来、それまであまり人気のなかった担々麺が、日本人の間に少しずつ浸透していったのである。

担々麺の汁は年々少しずつ増えていき、すなわち担々麺の汁の水位は年々上昇していったのである。そうしていまでは、麺が完全に汁で水没している担々麺を出す店も現れるようになった。

もちろんいまでも汁なし担々麺はあり、汁なし担々麺、汁あり担々麺、という言い方で棲み分けができている。

担々麺の汁は、いかなる濃厚ラーメンもかなわない〝激辛濃厚ヌルヌル恐怖の赤い泥沼〟である。

レンゲですくって一口飲めば、たちまち唇はヌメヌメヌラヌラヒリヒリ。

二口飲めば口中は〝舌殺し油地獄〟と化す。

その激辛ドロドロヌメヌメ油地獄に人々は狂喜する。

担々麺の汁は必ずレンゲで!!
唇がどうなってもしらんよ

わたくしはかつて担々麺を食べている青年の一部始終を観察したことがある。

担々麺が到着すると、青年はレンゲで最初の一口をすすり、続けて二口目をすすり、ちょっと瞑目したあと更に三口目をすするのであった。

ラーメンの場合は三口連続してスープをすすることはまずない。

一口、レンゲでスープをすすったあと麺にいくのがふつうである。

だがこの青年は、〝担々麺の汁はなぜか連続三口の真実〟を実行したのである。

担々麺の汁は、一口でやめることができないほど魅力的であとを引くのだ。

そのときもう一つの、〝担々麺の真実〟を発見した。

その青年の姿勢が、一口するごとに低くなっていったのである。

三口目では、ほとんどテーブルに這いつくばるほどに低くなった。

担々麺のヒリヒリとヌルヌルとヌメヌメの赤泥沼が、この青年の理性を狂わせ、獣へと変異させていったものと思われる。

このように青年は赤泥沼に狂喜するのである。
日本の伝統的な汁物の一つにお澄ましがある。お澄ましはお清汁とも書き、とにもかくにも〝清く澄んだつゆ〟で、昆布やかつお節のかすかな出しの味を味わうものだ。
一方にお清汁、一方にピリ辛赤泥沼、いずれにしてもこの青年はもはやお清汁の微妙な味を楽しむことは不可能となったのである。
いまラーメンのほうは〝スープ〟、担々麺は〝汁〟と書き分けたが、担々麺の赤泥沼はスープとはとても言い難い。

担々麵の元の姿は辛味噌ダレというタレをまぶしたものであった。

汁が濃厚化したものがタレとも考えられ、タレを薄めたものが汁と考えると、担々麵はその生い立ちから考えてもやはり汁ということになるのではないか。

そうは言ってもタレと汁の違いは微妙で、その違いを誰《たれ》か知る。

このように担々麵の歴史は液状化、多汁化、水面上昇の歴史であった。

担々麵がそうであったように、こうした液状化現象はこれからも食べ物の世界にこれまでにも増して蔓延していくにちがいない。

いままで中途半端なつゆの量でとまどっていた冷やし中華の水面は、一挙に上昇するにちがいない。

スープ天丼、スープうな重、スープちらし寿司などもいずれ出現するはずだ。

冷やしきつね論

冷やしきつねや冷やしたぬきが蕎麦屋の一般的なメニューになったのはいつごろからだろうか。

ぼくなどはきつねそばといえば、いかにも熱そうなそばつゆの中にいかにも熱そうな油揚げ、その下にいかにも熱そうなそばが沈んでいて、それをフーフー吹きながら食べるというイメージでやってきたので、どうしても冷やしきつねにはとまどいを覚える。

蕎麦屋のメニューには、同じそばを熱いのと冷たいのと両方出すものがいくつかあって、その典型的なものが盛りとかけだ。

だからきつねそばも、熱いのと冷たいのがあっても不思議はないのだが、冷たいほうにはどうもなんだかなじめない。

冷やしきつねを目の前にすると、

「キミのその姿は本来の姿ではないよね、ね、そうだよね、キミ自身もそう思ってるよね」

「冷やしきつね」
外国の人はたぶんこういうことを想像すると思うな

と、しつこく語りかけたくなる。
冷やしきつねのどういうところになじめないのだろうか。
こういう言い方はどうなのだろう。
食べ物には湯気が似合う食べ物と、湯気が似合わない食べ物とがある。
きつねそばには湯気が似合う。
「そばと油揚げとつゆから湯気が立ちのぼってこそキミらしい」
冷やしきつねには湯気が

似合わない。

あ、いや、似合うも似合わないも、冷やしきつねにはもともと湯気が無いのだから論理的にヘンか。

冷やしきつねにはキュウリなんかも添えてあり、ワサビもちょこっとのっていて、いかにも清涼感があって決してまずくはないのだが、一帯の空気が沈滞しているというか、元気がないというか、あ、そうだ、機嫌がわるいという言い方はどうだろう。

深い丼ではなく、深目の皿のようなものに入れられ、つゆもたっぷりではなく中途半端な腰湯の状態で、ふと見ると隣にふだん見かけないキュウリなんぞがいる。

なんだか居心地がわるいので機嫌がわるい。

油揚げも機嫌がわるい。

熱いつゆの中に、ゆったり、のびのび、柔らかくくつろいでいるときと表情が違う。

表情がゴワゴワしている。

麺も油揚げもつゆも、ここにいるのは不本意、という表情だ。

〝冷やし〟という呼び名も気に入らないようだ。

「冷やしきつね」は「きつねそば・冷製」という意味だから、本来は「冷たいきつね」でなければならないのに、あえて「冷やし」を選んだ真意は何か。

そこんところにも「冷やしきつね」は疑問をもっていると言われている。

ふつうのきつねと冷やしきつねでは、冷やしのほうが値段が高い店が多い。

なぜ高いのか。

店側としては、「冷たいきつね」ではなんとなくお金を取りにくい。

一方、「冷やし」は「冷やした」という意味であるから、こうなってくると、では誰が冷やしたのかという問題が浮上してくる。

客が冷やしたわけじゃないだろう、何かと忙しい経営者としてのわたしが、わざわざひと手間かけて「冷やした」わけであるからして、ここは当然冷やし賃をいただくことになる。
そういうメッセージが、「冷やし」の「やし」のところに込められているのだ。
そういう経営者の心根も、冷やしきつねとしてはたぬきともども快く思っていないと言われている。
と、ここで勃然とある考えがぼくの頭の中に浮かんできた。

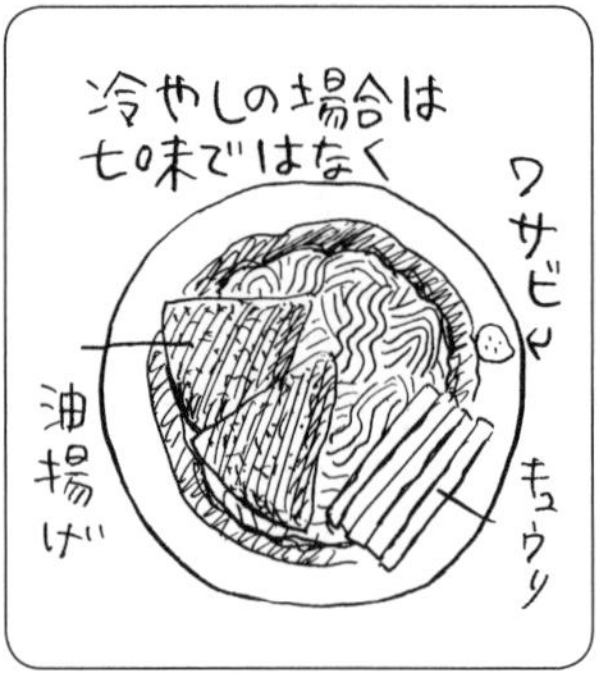
冷やしの場合は
七味ではなく
ワサビ
油揚げ
キュウリ

とんでもない考えである。

世間に顔向けできない考えである。

ぼくの友人知己、家族が、

「まさかあなたがそんなことをする人とは思わなかった」

とさめざめと泣くような、反社会的ともいえる行為である。

その考えとはこうだ。

本来熱くして食べるものであるきつねそばを冷たく冷やして食べてもいいということであれば……いいですか、ここからが大変なことになりますよ……本来冷たくして食べるものである冷やし中華を熱くして食べてどこが悪い！

論理的に一点の乖離《かいり》もないこの論法に反論できる人はいるだろうか。

いませんね。では製作に取りかかります。

コンビニで、プラスチック容器に入っていて、すぐそのまま食べられる冷やし中華を買ってくる。

上段の具をすべて麺の上にあける。

もちろんキュウリもあける。

つゆを上からかける。

あ、辛子の袋は出してくださいね。

電子レンジに入れて三分。

さあ、どうなったか。

最初に驚くことは、冷やし中華からモーモーと湯気が上がっていることである。

そうか、こういうことになるのか。

箸を差し入れてフーフー吹く。

そうか、冷やし中華をフーフー吹くことになるのか。

問題は味だ。結論を言います。

旨い。

一口すすりこんだとたん、あ、これはこれまでの生涯で一度も味わったことのない種類の味だ、と思い、甘くて酢っぱくてしょっぱくて、あ、これはちらし寿司の味だ、麺で作ったちらし寿司だ、と思い、ぜひ全国の皆さんにも味わってほしい、と思い、でも、たぶん誰もやってみないだろうな、と思ったのでした。

鱈ちりの鱈の立場

「きょうは寒いから鍋」

とか、

「あいつは鍋が好きでね」

とか、

「鍋を囲んで一家団欒」

というふうに、日本人は鍋物のことをただ単に「鍋」というが、そういうことを知らない外国人が、こうした会話を聞いたらどう思うだろう。

「日本人は寒いと鍋を背負って走ったりするのだろうか」

「日本人は鍋のコレクターが多いのだろうか」

「日本人は鍋を一家のまん中に置き、それを取り囲んで箸でたたいたりして団欒をはかる風習があるらしい」

とか思われないだろうか。

鍋には、寄せ鍋、石狩鍋、ちゃんこ鍋のように下に鍋をつける鍋と、すきやき、しゃぶしゃぶ、ふぐちり、たらちり、おでん、水炊きのように、鍋をつけない鍋とがある。

不思議なことに、下に鍋がつく鍋物は、ツユに味がついていいてツユごと食べるいかにも鍋物らしい鍋が多い。

さっき挙げた鍋物の中で、すきやき、おでん、しゃぶしゃぶなどは、鍋物から脱却して一品料理としての道を歩んでいるような気がする。

そういう連中を除外すると、鍋物は次の二つに大きく分類できる。

①ツユに味がついていいてそのまま

食べる系。
②湯またはダシ汁で煮てポン酢などのタレをつけて食べる系。
①系はどうしても居酒屋的、おやじ的雰囲気をまぬがれない。
そこで若い人などは②系に走るわけだが、②系もこれまたおやじっぽい。

所詮、鍋というものはそういうものであるらしい。

いいですか、挙げますよ。

河豚《ふぐ》ちり、鱈ちり、湯豆腐、水炊き……。

こう挙げてみると、この四鍋、意外に食べる機会が少ないことがわかる。

水炊きは、食べさせる店が少ないのがその理由だ。

鱈ちりも、名前は誰でも知っている割にはメニューに載せている店が少ない。従ってなかなか食べられない。

河豚ちりも、名前は誰でも知っているし、食べさせる店もあちこちにあるがなかなか食べられない。

食べられない理由は知っているのだがここでは書かない。

湯豆腐は爺むさい。

問題は鱈ちりである。

鍋物の名前を次々に挙げよ、と言われると必ず鱈ちりの名前が出てくる。値段だって高いものではない。

なのに居酒屋などでも、鱈ちりを食べている人を見たことがない。

大勢で鱈ちりを囲んでいるのを見たことがない。

「夕べは鱈ちりで盛り上がってね」

という話も聞いたことがない。

「鱈ちりでお腹がいっぱい」

という話も聞いたことがない。

一体、誰が鱈ちりを食べているのか。

実はわたくしが食べています。

鱈ちり、好きです。

鱈ちりは食べて楽しむ鍋ではなく、観察したりいじったりして楽しむ鍋なのです。

鱈ちりの鍋の中を見てみましょう。

わたくしの鱈ちりは、鱈と豆腐だけです。他のものは一切入れません。

仙台だったかで鱈のにぎりを食べたことがあるがあまり味がなく水っぽかった記憶があります
あんまし うまぐねがった
純白

鍋の中をのぞくと、豆腐が鱈を嫌がっているのがわかる。

最初、豆腐だけが湯につかっていたわけです。白い裸身を湯煙にゆらめかせながら……。

そこんとこへ、「ごめんよ」かなんか言いながら、むくつけきタラさんが、前を押さえながら強引に入ってきたのです。

豆腐は鱈が嫌なのだが、寄ってきたタラさんのそばでじっと耐えている。

鱈ちりって、そういう感じしませんか。

鱈全身像
切り身でしか見たことない人のために

大体、鱈が入ってきた理由がわからない。

豆腐だけだったら、湯豆腐として、鍋として、凛として、清貧の料理としてそれなりの評価を受けられる。

湯豆腐を食べている人は、値段の安いものを食べてはいるが貧しいだけの人ではない、そういう評価を受ける。

久保田万太郎の、
湯豆腐や

いのちのはてのうすあかり

という名句のように、うすあかり方面に逃げる逃げ道がある。
だが、ここに鱈が入ってきたとたん、うすあかり方面に逃げることができなくなる。
とたんに濁貧の思想の料理となってしまう。
鱈の生ぐさい匂いが、純白の豆腐の肌にしみこんでしまう。
一体、誰が両者を一緒にしたのか。
誰が鱈を連れてきたのか。
鱈はどういう目的で湯豆腐の中に入っているのか。
わたくしだったら、豆腐と鱈を別々の鍋で煮ますね。
こうすれば、そうした問題は一挙に解決するし、両者の不仲の問題も解決する。
鱈はもともと味のない魚で、ポン酢で食べてもそれほどおいしいものではない。
むしろ濃い味の煮魚にして食べたほうがおいしい魚だ。
だが鱈の身は箸で突つくとはがれる。ずるりとずれてきれいにはがれる。
一片が崩れることなくきれいにはがれると嬉しい。
こんなに大きいのがはがれた、と楽しい。
そうやって鱈の身をはがして遊ぶ分には楽しい鍋だ。

銀杏は復讐する

銀杏は孤独である。

銀杏は秋の味覚を代表するものの一つである。

同じ代表の栗を見たまえ。

栗は一つの殻に三つ入っている場合が多い。

三つ、ひしと抱き合って、まあ、君たちは、そんなふうに抱き合ったりして、ほんとに、もう、なんて、なぜかこっちが顔を赤らめてうつむいてしまうような抱き合い方をしている。

銀杏は一つの殻に一つの実。

殻を剝かれて引きずり出されてもたった一人。

ぽつんとひとつ。孤影悄然。

銀杏は茶碗蒸しにも一つだけ入っている。

丸くて薄緑色の銀杏を茶碗蒸しの中に発見する。

そのときの気持ちは、

「わあ、嬉しい！」

というものではない。

「そうか、居てくれたか」

というものでもない。

銀杏と遭遇したときの気持ちは常に淡々。

銀杏は、食べてそんなに味の深いものではない。

歯と歯の間でグミのような感触でグニュとゆがんでつぶれ、その瞬間木の実特有の青くさいような匂いがし、そしてほんの少しの甘みとえぐみ。

深く味わおうとするわけでもなく、ふーん、なんて

つぶやいてそれでおしまい。

もう一個食べたい、と、あとを引くものでもない。

そうなんだよね、銀杏てそういうものなんだよね、などと深く頷いているそこのあなた、考えが甘い。

銀杏は孤独ではない。

吹き寄せという料理がありますね。

幾種類もの煮物や揚げ物を色とりどりに籠などに盛り合わせた料理。

この盛り合わせの中によく見かけるのが、銀杏を松葉に刺した〝松葉刺し〟と称するもの。

この場合は銀杏が三つ松葉に刺してある。

一つじゃ寂しいし三つないと形にならない。

食べるほうも三つ刺さったものを手に取って眺め、

「この場合は三粒は欲しいんだよね」

と思う。

そう思って三粒のうち二粒までは嬉しく食べるのだが、三粒目になるとちょっとした迷惑感がわいてきて、もう一粒食べなきゃいかんのか、と、ぶつぶつ言い始める。

銀杏は多くても三粒まで。

それ以上は迷惑。

そうなんだよね、銀杏てそういうものなんだよね、なんて言って深く頷いているそこのあなた、考えが甘い。

秋になると居酒屋では〝銀杏の塩炒り〟が出てくる。

この〝塩炒り〟の場合は三粒以上。

器に八粒とか十粒とか入っている。

もし三粒だと、客は、

「ケチ」

とつぶやき、

「五粒以上食いたいんだよ」

と怒る。

茶碗蒸しのときは一粒で充分、それ以上は迷惑、とまで言ったのに、松葉刺しのときは、三粒じゃないとな、と言い、塩炒りだと、十粒食わせろ、と言う。

そう言われるほうの銀杏の苦衷はいかばかりか。

一体どうすりゃいいんだ、おまえらいいかげんにせーよ、と怒り心頭に発しているにちがいない。

人間不信。

これが銀杏側の公式見解である。

隠忍自重、耐えがたきを耐え、忍びがたきを忍んできた銀杏が、ついに怒りを爆発させるときがくる。

いま、ちょうど銀杏のシーズンで、スーパーでも袋入りのものを売っている。袋に「新物」の文字。

料理などしたことのないおとうさんが、ふとスーパーでこれを目にし、

「秋だし、日本酒に合うし」

と取り上げ「新物」のところに深く心を打たれて買って帰る。

秋の夜、満を持したおとうさんはフライパンに銀杏をザーッとあける。

全部で二十六粒。

ガスに火をつける。

フライパンの中の銀杏たちは、一分たってもピクリとも動かない。

二分たっても動かない。

白くて丸い皮のところどころに、点々と黒い焦げ目がついてきたのにピクリとも動かない。

三分たっても四分たっても動かない。

不安になったおとうさんが、フライパンの中をのぞきこもうとしたそのとき、

「バァーッチーン！」

と音がして、一粒がロケット花火のような勢いで飛び出し、「ウワッ」と驚いて身を引くまもあらばこそ、次から次へバァーッチーン、バァーッチーンと、右に左に連続弾が炸裂しておとうさんは腰を抜かすことになる。
腰を抜かしたおとうさんが、ようやく立ち上がったときには、台所中に銀杏が飛び散っている。
遺恨十年、積年の大怨の爆発力はかくも激烈なものなのだ。
もし一粒でもおとうさんの顔面に当たったら、深夜の

住宅街にピーポーが鳴り響くことになったはずだ。

銀杏の大怨はこれで晴れたわけではない。

第二弾まで用意されているのだ。

一度熱くなった銀杏は五分たっても炭火のように熱い。

そんなことを知らないおとうさんは、床に転がっている一粒をつまみあげ、深夜の台所に悲鳴が響きわたることになるのだ。

七、独酌独歩——いじいじ、いそいそ出かけるべし

大谷崎とトウモロコシ

「食事はかくありたい」

ということについて、いろんな人がいろんなことを言っている。

「静かな環境でゆったり食べたい」

と言う人もいれば、

「気の合った友人たちと会話を楽しみながら食べたい」

と言う人もいるし、

「食事には政治と宗教の話は持ち込むな」

と言う人もいる。

その他にも、守るべきエチケットとかいろいろあるが、やはりいちばんいけないのは、ガツガツ食べる、ということではないだろうか。

ガツガツはいけません。

はたから見ていてみっともないし、あさましいし、辟易する。

整然と倒れてくるところがたまらんのですわ

またいるんですよね、ガツガツ食べる人、あちこちに。

つい先日、本棚を整理していたら、ずいぶん昔の雑誌が出てきて、それをパラパラ見ていたら、

「私が出会った作家」

という特集をやっていて、いろんな人が親しかった人の思い出を語っている。

その中の一つに、谷崎潤一郎について高峰秀子が語るコラムがあった。

「(谷崎先生は) もう食べることが大好きだっていう感

じで、お汁なんてこぼそうものなら、スススッてテーブルに口をつけて吸っちゃう（笑）、先生はせっかちだから、ゆっくり食事を楽しむんじゃなくて子供みたいにガツガツ食べる」

エ？　ガツガツ？

こぼれたお汁をテーブルに口をつけてチュッ？

いいのか、そんなことして。

いいんです。

微笑ましいじゃありませんか、テーブルに口をつけてチュッなんて。

懐石料理か何か知らないが、そういうのをガツガツなんて。

文豪だからいいんです。

ただし、あなたがやってはいけませんよ。

あなたがガツガツなんて。

あなたがテーブルに口をつけてチュッなんて。でもね、こういうことってありますよね、エチケットに十分気をつけて食事に臨んでいるのに、つい油断して、というのではなく、食べているものについ夢中になって、ということ。

ましてや大谷崎。

芸術家なればこその激しい好奇心、何事にもすぐ没頭して我を忘れてしまう芸術家魂。

谷崎先生を庇《かば》うわけではないが、ぼくなんかかえって尊敬してしまいますね。

はばかりながら申し上げるのだが、ぼくにも谷崎状態になってしまう食べ物があります。

トウモロコシです。

トウモロコシで谷崎状態になる。

トウモロコシは、そのまま齧《かじ》って食べる食べ方と、一列ずつ手でむしって食べる食べ方があるが、手でむしる方式だとそうなる。

ではやってみましょう。

左手で一本のトウモロコシを持っています。

第一列目は、これはこれで書くべきことがありすぎるのですでに食べたことにします。

二列目。いよいよです。

右手の親指を二列目の左側のミゾにタテに押し込み、右側にムリムリッと押し倒す。

すると十数粒が押し倒される。

このときの、トウモロコシたちの倒れ方が好きなんですわ。

素直に、整然と、自発的に、というか協力的に倒れる。

このトウモロコシ独得の倒れ方に好感を持つんですわ。

ふつう、押し倒されたら誰だって嫌に決まってる。押し倒される、ということになれば、人間の場合だと、特に男女の場合はいろんな揉めごとに発展していく可能性があるのに、トウモロコシの場合はきわめて和合的に事が解決する。

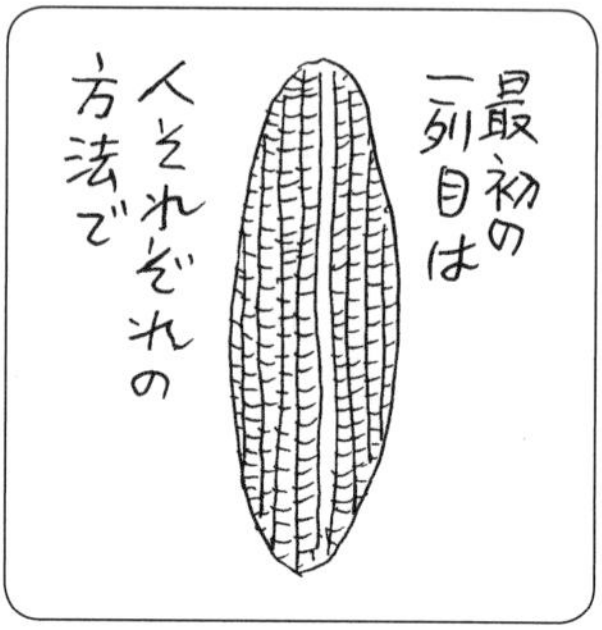

第一回目がそういうふうに楽しかったので、すぐに第二回目を試みたくなる。
そうするとこれがまた一回目と同じく、十数粒が楽しそうにいっせいに、整然と、倒れる。
整然と、というところにトウモロコシ独得の美学があり、その整然が手の平の中でホロホロと崩れていくところにも亡びの美学を感じる。そして、この遊びの面白いところは(今や遊びになっている)、一回目より二回目、三回目より四回目と、一回でむしり取る粒の数を多くしようと思うようになるところだ。

かつまた、その速度をどんどん速めようとするようになる。なるべく多く、なるべく速く、ということになって息づかいもだんだん激しくなり、しまいにはほとんど逆上状態になる。

本来は、むしり取ったものを口の中に放り込む手筈なのだが、それも今となっては空しく、そのへんに放り投げている。

むしり取ることだけに大夢中、大車輪。

最初は冷静だった。

冷静にトウモロコシを左手に握り、右手で冷静に一列をむしり取っていた。

むしり取ってちゃんと口の中に放り込んでちゃんと味わっていた。

それがなぜこういうことになってしまったのだろう。むしり取るためには押し倒さなければならない。むしり取る、という感覚の中に、押し倒す、という感覚が入り込んできて、押し倒すが少しずつ優勢になっていったあたりからヘンになっていったような気がする。

人間の欲望は根本のところでつながっているという見本が今回のトウモロコシ事件なのかもしれない。

谷崎先生に、ぜひ一度トウモロコシを食べていただいて、そのあたりのことを書き残しておいていただきたかった。

一人でお花見

おととしだったかな、この連載でぼくはカミングアウトした。

自分には自虐趣味があることをカミングアウトした。

自分で自分を責めさいなむ、そういうことは誰にでもよくあることだが、それを趣味として楽しんでいる人は少ないのではないか。

でも楽しいですよ、自虐趣味は。

なにしろ苛《いじ》める相手は自分だから、苛めようと思えばいつでも苛められる。

でもって、苛められて喜んでる。

苛める喜び、苛められる喜び、両方いっぺんに楽しめるわけだからその喜びにははかりしれないものがある。

どうやって自分を苛めるか。

方法はいくらでもある。

自分をわざと仲間はずれにする。

誰でもそうだが仲間はずれはつらい。そのつらいことが嬉しい。

仲間はずれにされてつらがっている自分が情けない。みんなに相手にされないでいじけている自分が惨めだ。

その惨めが嬉しい。たまらない。

時まさにお花見シーズン。お花見は仲間はずれにおあつらえ向きなのだ。

お花見でどうやって自分を仲間はずれにするか。

簡単です。一人でお花見

に行けばいい。

お花見というものは大勢で出かけて行って、大勢で車座になって、飲んで騒いで歌って踊って楽しむ。

そういう人たちのところへ一人で行く。

そういう人たちの中で一人で飲む。

飲めや歌えやの人々の群れの中で、ひとり手酌で飲んで顔を赤くして黙ってうつむいている。

そうしていじけている。

なんて可哀相な人なんだ、なんて痛ましい人なんだ。

不憫《ふびん》がられている自分が愛《いと》おしい。

おととしのカミングアウトは居酒屋で一人で飲んでいじけるという自虐だった。

居酒屋に一人で行って、まわりが盛りあがっている中でひとり手酌で飲んでうつむいているというのもつらいものだが、お花見ということになると、つらさのスケールが大きい。

したがって喜びのほうもけた違いになる。

行きました。吉祥寺の井の頭公園へ。

井の頭公園は上野公園と並ぶお花見の名所で、集まってくる人の数もただごとではない。

花はちょうど満開。しかも土曜日。

井の頭公園の入口は狭いことで有名だが、その人出は縁日の巣鴨のとげぬき地蔵以上。

なにしろ前へ進もうと上に上げた片足をおろすのに三秒かかるという想像を絶する大混雑。

人々がすぐそばをぞろぞろ歩いている木にハンモックをつってウクレレを弾いている青年
カッコいい?

その狭い道の途中にコンビニがあって、外から見えるコンビニの中はラッシュのときの電車の中状態。

こんなに人間が詰まっているコンビニ、初めて見た。

花見の客はここで酒とおつまみを買っていく。

ぼくもそのつもりで来たのだが、後ろから押され押されてそのまま公園の中へ。

井の頭公園はまん中に大きな池があり、池のまわりで人々は花見をするわけだが、見渡すかぎりビニールシートがびっしり、ビニールシートの上は人がびっしりで、午後の三時だが公園中が宴たけなわ。

どういうつもりか、人、人、人をかき分けてジョギングをしているおとうさんがいる。

「井の頭そば」というのもありました
油揚げ
きぬさや
竹輪

池のまん中にある橋の上を、押され押されて向こう岸へ。

もはやビニールシートを敷くすき間はどこにもない。

そば屋があった。

桜の木に「お抹茶、甘酒、くず餅」という旗がくくりつけてあって、おでんも枝豆もビールもあるというそば屋。

建物の前に、茶店風に緋毛氈《ひもうせん》を敷いたテーブルがあって、その上に小さな座卓が二つ置いてあり、片方の座卓はダブルカップルが取り囲んでいる。

もう一つの座卓が空いていたのでそこにすわる。

隣がダブルカップル、その隣に男が一人。

これから自分をつらくて惨めな立場に置こうとしている者にとって、これ以上の舞台装置はあるまい。これ以上の酷《むご》い、じゃなかった、嬉しい境遇はあるまい。

とりあえずビール。

ビールは生と大瓶と小瓶がある。ここは当然小瓶でなくてはならない。

生と大瓶と比べれば小瓶の惨め度は高い。

おつまみはおでんと枝豆とお新香がある。ここはお新香でなくてはならない。これからぼくのお花見が始まるわけで、ぼくの周りの宴会中のビニールシートには盛りだくさんの料理が並んでいるというのにこっちはいきなりお新香。お新香だけでお花見。

お新香は、タクアン、きゅうりの糠漬け、赤蕪、蕪の茎、という内容。

この中で一番惨め度が高いのはやはり黄色いタクアンであろう。

タクアンは落語の「長屋の花見」でも惨めの代表として出てくる。

ぼくは小ビンのビールを一口飲み、タクアンをポリポリ食べた。

ここまでのこの男の行動を要約すると、

「一人でお花見にやってきて、ダブルカップルの隣にすわり、ビールの小ビンとお新香を注文し、小瓶のビールを自分でトクトクとコップに注ぎ、ゴクリと飲んだあと黄色いタクアンをポリポリ食べてうなだれている」

集大成としては上出来といったところではないでしょうか。

ファミレスで晩酌を

一日の仕事が終わると、とにもかくにも晩酌ということになる。

晩酌ということになると、居酒屋で、ということになる。

行きつけの居酒屋は二、三軒あるから、どの居酒屋で、ということになっていく。

行きつけの店は、赤提灯にノレンといった型どおりの居酒屋ばかりで、味も値段もそれほどの違いはない。

その日も、どの店にしようか、と迷いつつ歩いていると、前方にファミレスのデニーズが見えてきた。この店は三年ぐらい前にオープンしたのだが、まだ二回ぐらいしか行ったことがない。

ファミレスというところは文字どおりファミリーのためのレストランであるから、酒呑み系のおやじにはあまり縁がない。

向こうだってそういうおやじは端《はな》っから相手にしてないんだよな、というか、迷惑なんだよな、なんてことを考えつつデニーズの前を通り過ぎようとして、突然とんでもないこ

とを思いついてしまったのである。

「ティファニーで朝食を」という、オードリー・ヘップバーン主演のシャレた映画がその昔あった。

評判の名画だった。

「デニーズで晩酌を」シャレているではないか。

ふつう、ファミレスで晩酌をする人はいない。

おやじが四、五人、ああいうところで赤い顔をして酒を飲んでいるのを見たことがないし、一人で徳利を傾けている人も見たことがない。つまりファミレスは晩酌をするところではないのだ。

メニューだって晩酌に向いてないものばかりだ。

居酒屋でのおやじの晩酌は、まずビールを一本飲んで日本酒にうつり、モツ煮こみ、焼き鳥、かれいの煮つけ、イカの塩辛、タコぶつ、もずく、くさやといったところを酒のつまみにする。

一方ファミレスのメニューは、ハンバーグ、パスタ、ドリア、オムライス、クラムチャウダーにシーフードサラダといったところで、イカの塩辛やくさやはない。

このデニーズの客層は、若いおかあさんと幼児、中学生、高校生、カップルが多く、特に幼児はイカの塩辛やくさやは食べない。

「ティファニーで朝食を」は、本来食事をするところではない店で「朝食を」というところがシャレているわけで、「デニーズで晩酌を」もまた、本来晩酌をするところではない店で晩酌をするところがシャレている……のだ。

どうしても強行したい。

デニーズの入口に向かう階段を二、三段昇りかけてふと思った。

もしかしたらデニーズは晩酌禁止なのではないか。

「店内での晩酌は固くお断りします」

という紙がどこかに貼ってあるのではないか。

貼ってないにしても、たとえば若いおとうさんとおかあさん、その子供たち、そしておじいちゃんとおばあちゃんが楽しく食事をしているボックス席の横の席で、むさいおやじが徳利を傾けていたらその一家はその光景をどう思うか。

なにやら小ジャレたドリンクをたしなんでいらっしゃる小ジャレたおじさま
日本酒

階段の横にはベビーカーが数台並んでいる。中学生たちのチャリンコも並んでいる。

店内の雰囲気は容易に想像できる。

だが強行するのだ。強行して〝日本で初めてファミレスで晩酌をした人〟として歴史に名を残すのだ。

ドアを押して中へ入る。

疚《やま》しい気持ちがあるせいか、心が荒《すさ》んでドアの押し方が乱暴になる。女子高生のバイトらしい初々しい店員が席に案内してくれる。

まだ世の中をよく知らないから、この一人客の犯意を読みとれず、この客が快適なひとときを過ごすための席を迷いながら探している。胸が痛む。

たまには
いいんじゃないスか
そういう飲み方
も

わが席の隣は、おばあちゃん、若い母親、子供二人のボックス席で、そのボックス席の後ろが中学生の六人連れ、わが席の三列後ろは幼稚園児の母親グループらしき五人連れ（子供抜き）で、晩酌には最悪の状況。

色彩豊か、大型のメニューを拡げる。

「とろ〜り卵とチーズのオムライス」「きのこと野菜のあったかマリネサラダ仕立て」「ルッコラとなす、ベーコンのトマトスパゲティ」「青菜と生ベーコンのオリーブオイル蒸し」……。

酒のつまみがない。

だが生ビールはある。おっ、日本酒もある、焼酎もある、ウーロンハイもある、シーバスも。

そして、そのアルコール系のページの片隅に、お皿に三個のカキフライ、お皿に三個の鶏唐揚げ、同様のポテトフライがあり、

「このへんのつまみで軽く飲んで、なるべく早く帰ってね」

という店側の姿勢がひしひしと感じられるのだった。

ビールのあと日本酒を頼む。

日本酒は小ジャレたガラスのビン詰めで、盃もまた小ジャレたガラス製。

つまみはカキフライと唐揚げだから酒のつまみには見えないし、なんだか小ジャレた飲み物を小ジャレたグラスで飲んでるし、こちらはせっかく明確な犯意をもって晩酌を決行しているのに、これでは端《はた》から見て晩酌には見えない。

せめて民芸風の徳利と盃だったら多少雰囲気が出たのに、と残念でならない。

幼稚園児の母親たちに取り囲まれ、

「ちょっとあなたッ、非常識じゃないのッ。場所柄をわきまえなさい」

ぐらいのことは言われたかった。

ひきこもりラーメン

いま引きこもりが問題になっているが、ついに「引きこもりラーメン屋」というのが出現した。

ラーメンを個室に引きこもって食べるのである。

ホラ、ノラ猫にエサをやると、ガルルーとか言いながら大急ぎで車の下なんかに持っていって、そこで安心して食べ始めたりしますよね。

あれとおんなじ。

ラーメンを注文して、ラーメンが出来あがるとそれを受け取って、ガルルーとか言いながら個室に引きこもって食べるという、そういう方式ではない。

個室は個室だが半個室。

選挙のとき、両側に仕切りのある机が用意されていますね。あの方式。もちろんイスはあります。

両側と前方、仕切られた囲いの中に一人ずつ引きこもって食べる。

「食べる時の顔が誰にも見られない半個室の席で、周りを一切気にせず、味だけに集中して召し上がって頂けます」

と、店のパンフレットにある。

「また声を出さず替玉や追加注文ができるので、女性一人でも人目を気にせず思う存分食べて頂けます」

とも書いてある。

この店は、店に入ってから食べ終えて外に出るまで、〝声を出さず〟に済むシステムになっている。

まず券売機で食券を買う。

ラーメンの種類は「元祖唐辛子入りトンコツラーメン　七五〇円」だけだが、『追加ネギ』『追加チャーシュー』『きくらげ』などのボタンがあり、それを注文したい人は次々にそのボタンを押していく。

券を買うと案内係のおねえさんが、

「初めてですか」

と訊いてくれるが、〝声を出さず〟にうなずくと半個室に案内してくれる。

厨房をはさんで両側に八席ずつ〝選挙風半個室〟がズラリと並んでいる。

半個室にすわる。

右側にヒモのついたボールペン。

左側に回転ずし風コップ押しつけ型の冷水給水装置。

渡された注文用紙に自分の好みを書きこむ。

「麺　かため」とか「こってり度　あっさり」とか「にんにく　少々」とか、そういうやつ。

半個室の正面にはノレンが下がっており、その下が二十センチぐらいあいていて、厨房の人の腰のあたりが見える。

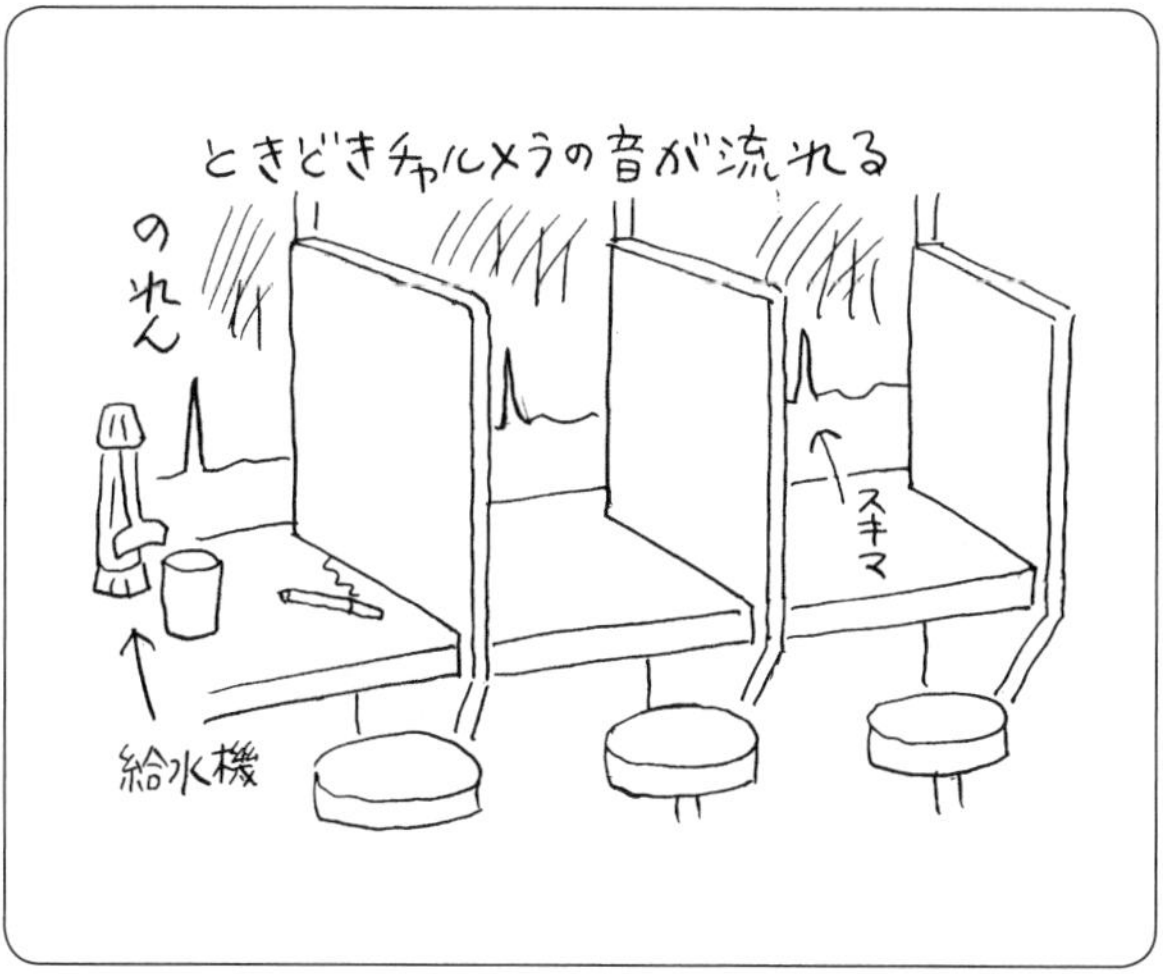
ときどきチャルメラの音が流れる
のれん
スキマ
給水機

注文用紙を書き終えると、〝声を出さず〟に目の前にあるボタンを押す。

するとノレンの下から手が出てそれを引き取る。

やがてノレンの下から注文のラーメンが差し出される。

ラーメンを引き寄せたとたん、スダレがサッと降りてきてノレンの下のスキマがなくなり、三方完全閉鎖となる。これがパンフレットにある「世界初！　味集中カウンター」の全容である。

味集中カウンターにすわった感想はどうか。

なんだか寂しい。

急にみんなから遠く離れてしまったような孤独感もある。

当分の間、もう誰にも会えないのだ。

周りを取り囲まれているせいか、人に隠れて何かいけないことをしているような気持ちになる。正々堂々、胸を張って食べていいのに、なんだかコソコソした感じになる。

物陰に隠れて箸をコソコソ割り、麺をコソコソすすり、チャーシューをコソコソかじる。

いかんいかん、ここは世界初の味集中カウンターであった。

味に集中しなくてはならぬ。

博多ラーメンであるから麺は極細。

スープは当然白濁系。「ふつう」を頼んだのだが、それでもかなりこってり。

こってりだがしつこくない。

豚骨特有の臭みを完全に消してあり、香ばしいような香りもある。

チャーシューきわめて美味。

秘伝の唐辛子ベースのタレは、辛いだけでなく、口の中に様々な辛味系の旨味がひろがる。

麺の量はやや少なめ。

したがって替え玉が欲しくなる。

替え玉を〝声を出さず〟に注文するにはどうしたらいいのか。

ここにもそのための工夫がちゃんとなされているのであった。

すなわち箸袋。

箸袋に「替玉　一五〇円」「半替玉　一〇〇円」という文字が印刷されており、①追加注文したい品に○をつけてください。②現金をご用意ください。（食券はいりません）③目の前の㊞ボタンで従業員を呼び、現金とこの箸袋をお渡しください。とあって、〝声を出さず〟にという方針を徹底させている店なのであった。

これから先、こういう店は増えていくのではないだろうか。

ちょっと前、ファミレスでこういう光景を見た。

子供二人（小学生ぐらい）とその両親の一家は、食事の始めから終わりまでひとことも口をきかないのである。

子供二人はゲーム機、父親はマンガ雑誌から目を離さず、母親はケータイのメールに熱中。

こういう一家に、こういう店は向いているのではないか。

閉鎖と隔絶と孤独と沈黙の食事を終えて外に出たわたくしの感想はどうか。

〝出所〟でした。

八、一所懸命

——小さいことほど、おろそかにしない

稲荷ずしを正しく食べる

仕事中、小腹がすいたので稲荷ずしでも食べようか、と思って近所のスーパーへ行って五個入りというのを買ってきた。ここで、

「小腹に五個は多いんじゃないの。小腹なら三個じゃないの」

と、つっこむ人もいると思うが、恥ずかしいです、ぼくも多すぎると思います。

最初はぼくもそう思ったのだが、その稲荷ずしはかなり小さめだったので、どっちにしようかとかなり迷ったあげく、

「小腹は三個って誰が決めたんだッ」

なんて少し怒って五個のほうにしたのだった。

プラスチックの細長い容器に稲荷ずしが五個、何の風情もなく並んでいる。

見映えということを稲荷ずしに望むのはもともと無理な話なのだが、そのコーナーにいっしょに並んでいる太巻き、茶巾などの賑やかさに比べるとあまりに身なりが貧しい。

茶色くてしわくちゃな連中が、

稲荷ずしを
嬉しそうに
食べてる人は
いません
立ち食い
そば屋の
メニューには
必ず
あります

「おもしろくも何ともない」

という表情でいかにもつまらなそうに並んでいる。

買って帰ってきて、プラスチックの中のつまらなそうな五個を、これからつまらなそうに食べることになるわけだが、それでいいのか、そんなつまらないひときを過ごしてもいいのか、という気分になった。

この五個をつまらなそうに食べ終え、ベフッとかいってつまらなそうにティッシュで口を拭く自分を想像するといたたまれない気持ちになる。

そこでこういうことを考えついた。

いつもと違う食べ方で食べたい。

楽しく食べたい。賑やかに食べたい。

その方法を考えた。

それは次のような食べ方であった。

まず一個目は普通に食べる。

問題は二個目です。

二個目は裸にして食べる。

つまり油揚げを脱がせちゃう。

稲荷ずしの閉じてあるほうを見ると何となく和風の着物を羽織っているように見える。

油揚げが浴衣とか襦袢に見えるんですね。

で、その閉じてある部分を開いて中のゴハンを取り出すわけだが、そういうわけなので開くというより、前をはだけるという感じになる。

そうして中のゴハンを取り出す。

小皿を用意しておいてゴハンをこれにのせる。

脱いだほうの油揚げはきちんとたたまない。乱れた状態でこれも別の小皿にのせる。乱れ籠に脱いだものを乱れた状態でのせた、という風情にしたいのです。

油揚げを脱がせた裸のゴハン、油揚げの味がようくしみこんで少し茶色がかっている俵型のゴハン、もしかしたらこっちのほうが本来の姿で食べるよりおいしいのではないか。

と思っていたのだがはたしてそのとおりだった。

油揚げのちょっとモサモサした舌ざわりが取れて、その分ゴハンがしみじみおいしい。

なにしろ生まれて初めての味じゃないですか、油揚げなしの稲荷ずしの味なんて。

そして乱れ籠のほうにうつる。

その前に缶ビールをプシッと開ける。

立ち食いそば屋には生ビールも置いてある店もあって、そういう店のおつまみの一つに三角に切った油揚げの一皿がある。

つまりビールと油揚げはそういう関係にある。

ここでこれまでの経過を整理してみると、まず普通

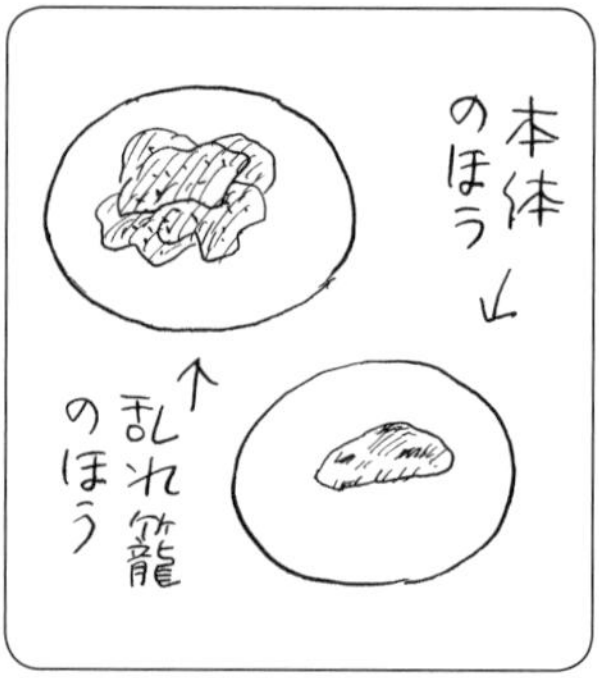

の稲荷ずしを普通に食べた。

食べ終えて次の一個は脱がしにかかった。

前をはだけさせたりして楽しんだ。

稲荷ずしを食べた人は多いが、稲荷ずしで楽しんだ人はこれまで一人もいなかったのではないか。

もともといかにもつまらなそうな、しかも身なりも貧しい連中でけっこう楽しんだんだから大したものだ。

このようにして二個を平らげたわけだがあと三個残っている。

稲荷ずしは誰もが何の疑いもなくそのまま食べることしか考えないのだが、このように油揚げとゴハンを別々に食べるという道があった。

別々路線で何か道はひらけないものか。

混ぜゴハンというものがふいに浮かんだ。

別々にした両者を混ぜゴハンにして食べる。

裸のゴハンを一個とりあえず茶わんに入れる。

油揚げをこまかく刻む。

五ミリ角ぐらいだろうか。

それを茶わんの中のゴハンと混ぜようとしたのだが、一度ギュッと結んだゴハンは容易にはくずれてくれない。

ここで思案。ちょっぴり黙考。

しつこくくずれてくれない。

お茶漬けにしたらどうか。

しつこくくずれてくれないゴハンの上から熱い湯をそそぐ。

ものの見事にゴハンはくずれ、前代未聞の稲荷ずしのお茶漬けができあがった。

ここでまん中に紅生姜をちょっぴり。

ひと混ぜしてかっこむと、稲荷ずしと紅生姜はもともと相性がよく何というおいしさ。

もしかしたらこれこそ稲荷ずしの正しい食べ方なのかもしれない。

あと二個残ったわけだが、やっぱり「小腹に三個」は正しかったようで、おまけにビールまで飲んでしまってすっかり満腹。ベフッ。

蕪の真意

蕪と大根はよく似ている。
共に根菜類である。
色が白い。葉っぱの色や形は、見間違えるほどよく似ている。
大根が長いのに対し、蕪は丸っこいというところが違うだけだ。
大根と蕪が入社試験を受けて、
「似たような連中だが両方採ってみっか」
ということになって二人揃って入社したとする。
大根を採用して、会社側がまず気がつくのは、
「大根クンは気働きがある」
ということだ。
何事にも意欲的に取り組む。
まず煮物。

蕪と油揚げの
味噌汁って
なんだか
しんみり
してくる
のよね

煮物部に配属するや、豚肉と組んでいい仕事をし、おでん課に回してみるとたちまち頭角を現し、おでん課にその人ありと言われる存在となる。

「ブリと組んで一仕事してみます」

と自ら提案し、後世に名を残すような結果を出す。

ふろ吹き大根では誰とも組まずに良い仕事をし、お新香部に配属を命じると、

「糠《ぬか》漬け、たくあん、奈良漬け、味噌漬け、どれでいきましょうか」

と、とにかく積極的なのだ。

味噌汁の具部では自ら千六本という方法を考案し、〝大根の千六本と油揚げ〟という名作を世に送り出す。

サンマには出向という形で派遣され、サンマの横にうずくまっていたのが大詩人の目に止まった。

一方、いっしょに入社した蕪クンのほうはどうか。

「君は何が出来るのかね」

と訊かれると、

「エート、いちおう味噌汁の具……ですか。それといちおう……お新香……ですか」

「かぶら蒸しってのは？」

「あれはあまりやりたくないし……」

事実そのとおりなのであった。

煮物部に回してみると、

「カラダが柔らかいのですぐ煮くずれちゃうんですけどいいですか」

と言うし、天ぷらはどうだと訊くと、とんでもない、と手を振るし、本当にもう、何にも出来ない奴なのだった。

何にも出来ないけど一つだけいい仕事をする、あの仕事だけは余人をもって代えがたい、というものがふつうあるものだ。

さつま芋なら焼き芋、里芋なら衣被《きぬかつ》ぎ、牛蒡ならキンピラ、ほうれん草ならゴマ和《あ》え、と並べていって、では蕪は？　ということになると誰もが返答に窮する。

さつま芋や牛蒡から見れば、

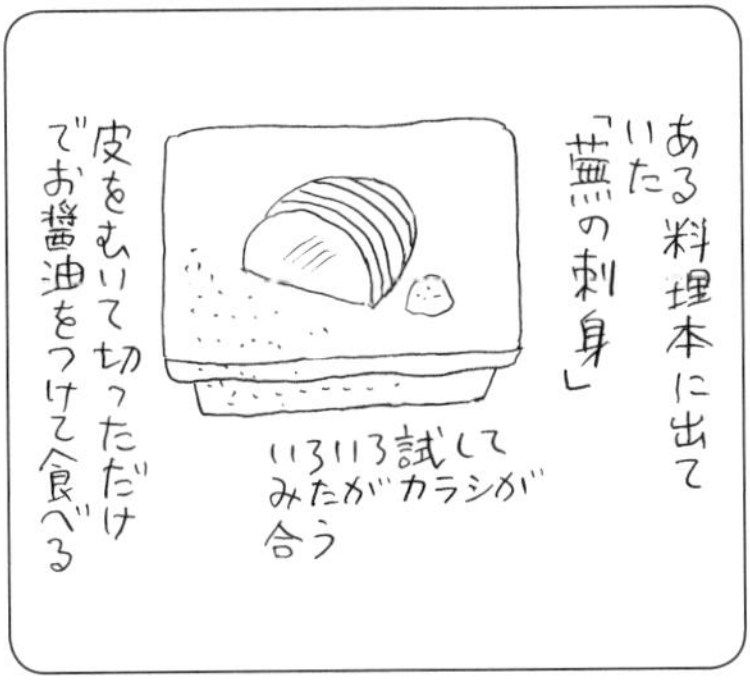
ある料理本に出ていた「蕪の刺身」
いろいろ試してみたがカラシが合う
皮をむいて切っただけでお醤油をつけて食べる

「あいつは働いてないな」

と思うのは当然のことだ。

やる気がないのか。もともと怠けものなのか。

ぼくなんかから見ると、どうしてもそういうふうには見えないのだ。

他に何か理由がありそうに思えてならない。

人柄はいいようだ。

あんまり働いてないわりには、人から悪口を言われない。

大人しいし、真面目そうだし、いつも控えめだし、それにどことなく品がある。

出もいいようだ。

色は白いし、肌の肌理《きめ》がこまかいし、それにしっとりとした艶もある。

茎を切り取ってそこへ目鼻立ちを描けば、そのまま雛人形の首になるような〝上品な野菜〟だ。

味噌汁の具としての蕪は、大根とはまた違った、ちょっと渋いような、エグ味のあるような、いわく言い難い雅味のようなものが感じられる。

最近赤蕪をあまり
見かけなくなった
ような気がする

自分でも言っているように、確かに煮くずれがちだが、そこのところのぐずぐず感がかえって大きな魅力になっている。

しんなり、しっとりとした食感と味が、食べている人の心をしんなり、しっとりさせる。

そして、しんみり、しみじみさせる。

うーん、何とかして蕪の真意に迫ろうとして、こうしていろいろ書いているわけなのだが、うーん、そのあたりどうなのかね、と蕪クンに訊いても、はにかんでうつむくばかりだ。

蕪は〝遅れてきた少年〟なのではないか、という人もいる。（ぼくです）

遅れてきた少年は、ナイーブな少年でもあった。

遅れてきた少年は周りを見回す。

そのとき少年は、自分がこれから行こうとしている道は、すでに他の人たちによってすべてを占有されていることを知る。

自分の行こうとしている道で、すでに先人が生計を立てていることを知る。

緑黄色野菜という方向、ビタミン豊富という方向、歯ざわりが面白いという方向、繊維が便秘に効くという方向、蕪にとって、すべての方向が閉ざされていたのだ。

もちろん、たとえ遅れてきたとしても、そこで競争し、打ち勝って道を拓《ひら》くという方法もあるが、ナイーブな少年にはそれが出来なかった。

嫌って、料理としては傍流の、味噌汁の具とお新香という道を選んだ。

人が寝静まった夜中、蕪は糠漬けの蓋をそっと開ける。

そして、キュウリやナスが埋まっている隙間を見つけ、そこへゆるゆると身を沈ませていく。

糠床の中へ頭まで沈ませたところで深く目を閉じる。

そういう光景、物陰からそっと見てみたいな。

おはぎの真実

人間に相性があるように、食べものにも相性がある。

相性がいい人との会話が楽しいように、相性のいい取り合わせの食べものを食べるのは楽しい。

早い話がゴハン。

白いゴハンは塩《しょ》っぱいものと相性がいい。

茶わんに温かいゴハンが盛ってあって、その上に塩鮭の小片がのっている。その光景だけでもうすでに充分おいしい。

茶わんに盛ったゴハンの上に海苔の佃煮がちょこっとのっている。

これもおいしそうだ。

ゴハンの上に納豆。

いますぐ食べたい。

逆に甘いものとゴハンの相性はよくない。特に小豆のアンコ系はきわめてよくない。

次のような光景を想像してください。

茶わんにゴハンが盛ってあってその上にアンコがのっている。

その光景だけでうんざりする人は多いにちがいない。

そのアンコを平らにならし、ゴハンの上にべったり塗りつける。

で、これをかっこむ。

どうか。

どうかったって、アンコをおかずにしてゴハンを食べるわけでしょ、ありえないじゃないですか、気持ちわるいじゃないですか、と、大抵の人は怒り出すにちがいない。

小豆のアンコはスーパーなどで、ビニールパックしたものや缶詰で売っているので、軽い気持ちで一度試してみてくださいよ、と言えば、オレをおちょくっているのか、といっそう怒り出す人もいるはずだ。

じゃあ、こうしましょう。

茶わんにゴハンを盛ってアンコをのせるのではなく、おにぎりでいく。

梅干しやおかかを具にして握るように、アンコを具にして握る。

このおにぎりをパクリといく。

どうか。
ン、モー、同じことじゃないですか、おにぎりにしたところで、アンコでゴハンを食べることに変わりはないじゃないですか、怒るよ、もう、本当に、ということになると思う。
じゃあ、こうしましょう。

いまはおにぎりの中に具としてのアンコを包み込んだわけだが、こんどはゴハンの中に包まないで、おにぎりの外側に貼りつける。

五ミリぐらいの厚さで、おにぎりの外側一面に貼りつける。

これをパクリとやる。

どうか。
ン、モー、いいかげんにしなさい。中に包み込もうと、外側に貼りつけようと、依然としてアンコでゴハンを食べることに変わりはないじゃないですか、気持ちわるいことに変わりはない……と言いつつ、このあたりであなたはなぜかハッとして口をつぐむことになる。

まてよ、そういうもの食べたことがあるような気がする。

しかも、つい最近食べたような気がする。

ゴハンのおにぎりの表面にアンコを貼りつけたもの……。

あ、そうだ、ついこのあいだ食べたお彼岸のおはぎ。

おいしいのよねー、おはぎ。

合うのよねー、アンコとゴハン。

おはぎはもち米とうるち米とを半々に炊くか蒸すかして、軽くついて丸めたものの周りに小豆のアンコを貼りつけたものだ。

おはぎの中は、まあゴハンといっても差しつかえない。

いまあなたは反省してますか。

ゴハンとアンコは合わない、気持ちわるい、怒るよ、も

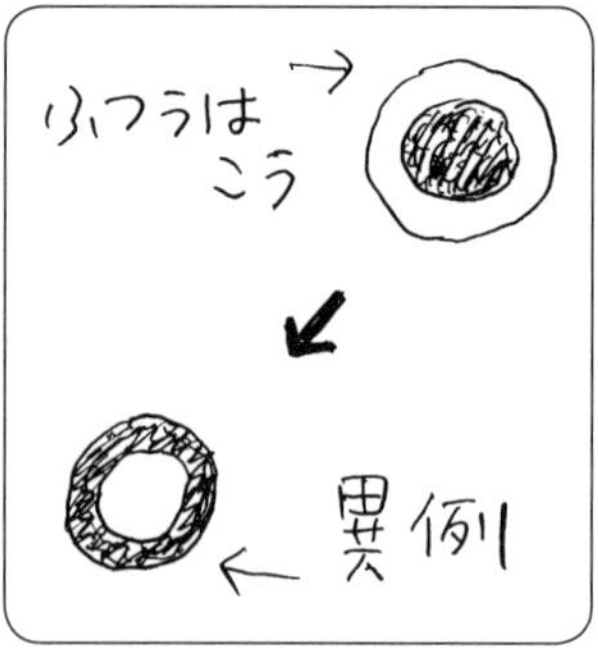

う、本当に、と、ついさっき言ったことを悔やんでますか。

なんだか不安になってきたんじゃないですか。

不安になってきたところでピーナッツバターの例を出しましょう。

茶わんにゴハンが盛ってあります。

その上にピーナッツバターが大サジ山盛り一杯分ぐらいのっています。

どうか。

もしかしたら、それって、何かそういうもの、あるのかしら、と、思ったでしょう。

ありません。

そんなもの、気持ちわるいだけです。

でもよく考えてみると、おはぎの発想って不思議ですよね。

大福餅というものがありますね。

大福餅の皮は、餅だから、米でできているから、まあゴハンです。このへん強引に話をすすめます。

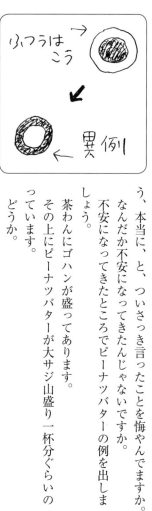

大福餅はアンコをゴハンで包んだものである。

アンコというものは、アンパンにしろ饅頭にしろモナカにしろ鯛焼きにしろ、みんなアンコは具として中に収まっているのが普通だ。

アンコは表立たないというのが社風というか、アンコ風だ。

なのにおはぎだけが表に出ている。そのおはぎにしろ、アンコを表に出さず、中に包み込んで「おはぎです」と言うこともできたはずだ。

そう言われれば、世間の人も、

「これがおはぎというものなのね」

と納得したはずなのだ。

なぜおはぎだけアンコを表に出したのか。

これにはいろいろな説があるのだが、いまのところは〝ガス抜き説〟が有力だ。

アンコの歴史は内包の歴史だ。

うす暗いところにひっそりとひそんでいる、という歴史である。

こういう状況を不満に思うアンコも当然いたはずだ。

そういう不満分子に、表立つ例もあるじゃないか、と、提示するために、おはぎのアンコは表に出ることになったというのである。

好人物帆立貝

帆立貝の貝柱って、ゆったりしているところが好き。

ぽってりしていて、おっとりしていて、こせこせしたところが全然ない。

形だって単純明快、円筒型。

この単純明快は、貝柱だけを独立させて食べるせいもあるのだが、味に複雑さがないところが帆立貝の大きな取りえだ。

味は始めから終わりまで一本調子。

一個の隅から隅まで同じ味。

牡蠣だったら一個を口に含むと、噛むたびに味が変わって、うむ、とか、ほう、とか、そのたびに何か言わなくてはならないが、帆立貝の貝柱の場合は最初に一回、うむ、と言えばそれで済む。

帆立貝は冷凍ないしは、それを解凍したものをワンパック6個入りぐらいで売られている場合が多い。

帆立貝の「磯辺巻き」
一度ぜひやってみてください
香ばしくておいしいよ
お醤油をつけて
焼き網かフライパン
で焼いて海苔を巻いて食べる
BEE

普通は一個を何切れかに切って食べるのだが、ぼくの場合はいつも一個丸ごと。丸ごと一個にワサビをのせてお醤油をつけて食べる。

これが旨い。

大きくて水分をたくさん含んで柔らかいものが口の中いっぱい、というところがいい。

その柔らかさはポテッとして、トロッとして、これは確か筋肉のはずなのにそういう筋ばったところはどこにも見当たらず、たとえば海老なんかは同じように

柔らかいがどこかに筋肉的なものは感じるのだが、そういうものが全然ないのが不思議。

じゃあ弾力はないのかというと口の中で弾むような何物かを感じる。

味そのものもおっとりしていて強く主張するところがない。

それでいて豊かな滋味があり、噛んでいて飽きない味で、じんわりとした甘味もあり、そういうところはお米に似ている。

帆立貝は性格ものんびりしたところがある。

大抵の貝は貝殻をビシッと堅く閉じている。

簡単にこじ開けられないように用心し

ているわけで、特に牡蠣などの用心深さはただごとではない。

ところが、帆立貝は、人がいいというのか、性格がのんびりしているというのか、最初から口を少し開けているのが多い。

6個買ってきたとすると4個は殻と殻の間にちょっとしたすき間がある。

シジミやアサリは死ぬと口を開けるが、帆立貝の場合は死んでいるわけではなく油断をしているのだ。

すき間から刃物を刺し込んでもまだ油断している、というか、刃物がさし迫っていることに気がつかない。

のんびり、鷹揚、のほほん。

刃物の先が貝柱に当たったところでようやく気づく。

気づいて急いで閉じる。

これらのことは、殻つきの帆立貝を買ったことのある人なら誰でも知っていることだ。

帆立貝が人がいいことはみんなが知っている。

貝たちはまず硬い貝殻を作り、それを閉じることによって外敵から身を守る。

その閉じる役割をするのが貝柱だ。

貝柱は学術的には閉殻筋といい、外敵が近づいたら大急ぎで閉じるためのものなのだ。

これは誰でも知っていることだが、帆立貝の貝柱は貝界では無二無双の逸物である。強力この上なく、偉容また人の目を見張らせるものがある。

帆立貝としても、己が貝柱の育成、強化には相当の努力を惜しまなかったと考えられる。帆立貝を開いてみるとわかるが、その容積のほとんどを貝柱が占めている。

牡蠣の貝柱と比べるとその差がよくわかる。牡蠣の貝柱はほんのちょっぴりで、容積の大部分は本来そこにあるべきもので満たされている。

つまり帆立貝は、すべてを犠牲にして、ただひたすら貝柱の強化に全力を傾注したのだ。

その結果はどうであったか。

その結果は、すき間からやすやすと刃物を刺し込まれ、やすやすと侵入を許し、貝柱がその能力を発揮しようとしたときには常に時すでに遅し、なのだ。

帆立貝は何かがおかしい。

考え方が間違っているのだ。

考え方が間違っていることにいまだに気づいていない。

閉じる能力、すなわち閉殻筋の能力を貝界随一にしたのだが、情報伝達のほうをおろそかにした。

いまからでも遅くないから、こんどは情報のシステムの研究開発にとりかかればいいのに、いまだにそれをしようとしない。

改善策はほかにもある。

帆立貝は平べったくて窮屈な空間の大部分を貝柱が占めていて、住宅環境はきわめてよくない。

これは貝類全体に言えることだが、それぞれかなり個性的な家を作って住んでいるわけだが、その住み心地はどうなのだろう。

二枚貝のアサリとかハマグリとかはなんとなく理解できるが、サザエとかばい貝などはどうなのだろう。

ねじれて住んでいるわけだから、住み心地がいいとは決して言えないのではないか。

住み心地がよくないのなら、まっすぐの家にすればいいわけで、そのことは帆立貝にも言える。

帆立貝は貝柱が大きすぎて困っているわけだから、あんな平べったい家でなく、もっと膨らみのある家にすればいいわけで、その点も帆立貝の気がしれない。

九、油断大敵

――ジョーシキの裏にうまいものあり

べちゃトン・ウィンナ・シュニッツェル

トンカツはカラリ。

これはもう誰もが認めるところだ。

カラリと揚がっていてコロモサクサク。

これがトンカツの基本中の基本だ。

グルメ番組のレポーターも、トンカツ屋で一口パクリと食べると、

「カラッと揚がっていてサックサク。しっかり油が切れていてしつこくなーい」

なんてことを十人が十人言う。

トンカツのサクサクは、食べるときもそうだが、トンカツ屋がトンカツを油から引き上げていったん油を切り、それをまな板にのせて包丁で切っていくときのサクサク、サクサクというあの音、たまりませんね。

キッチンが発する音はいろいろあるが、あのサクサクに優る音はないんじゃないか、というぐらいいい音。

十人が十人
カラリと揚がっていてサックサクー！

よく考えてみると、包丁でトンカツを切ってるだけの、音の位としてはかなり身分の低い音なのに、どうして心地よく聞こえるのでしょうか。

それはともかく、あれがもしですよ、油が切れてなくてべちゃっとしていて、そのべちゃっとしたトンカツをまな板の上にべちゃっと置いて、包丁でべちゃべちゃ切っていったとしたらどうなるか。

そのべちゃっとしたトンカツにソースをべちゃべちゃべち

ゃかけてべちゃべちゃ食べたらどういうことになるか。

あ、いいです、いいです、そんなに真剣に想像しなくても。

とにかくべちゃカツ、ダメ。

サクカツ、良し。

なぜサクカツがいいかというと、コロモがトゲトゲと立っているところへ、粘着力のあるドロリとしたトンカツソースをかけると、ソースがトゲトゲの上にのっかってじかにトンカツに到達しない。

口の中でソースとトンカツが初めていっしょになって、少しずつ混然一体となるところにトンカツのおいしさがあり、サクサクのおいしさがある。

そういうわけで、もう一度確認しておくと、べちゃカツ、ダメ。サクカツ、良し。と、これで終わるなら、すべて世は事もなし、ということになるのだが、世の中というものはそんなに単純なものではありません。

べちゃカツ、良し。

あるんですね、これが。

つい先日、ドイツレストランでウィンナ・シュニッツェルというものを食べたんです。

これまでウィンナ・シュニッツェルという名前は知っていたが食べたことはなかった。

なんとなくウィンナー・ソーセージを焼くか炒めるかしたあと、シュニッとしてツェルするらしい、というふうに思っていた。

しかしこれがまさにべちゃカツだったのです。

ウィンナ・シュニッツェルの料理法はこうなっている。

基本的には仔牛の肉を薄くたたく。

厚さ約五ミリ。これにトンカツ同様溶き卵、パン粉の順でコロモをつける。

ここから先、トンカツの場合はたっぷりの油で揚げるわけだが、ウィンナ・シュニッツェルの場合は、カツの半分ぐらいの量の油で、ときどき油を上からかけ回しながら、焼くというか揚げるというか、そういう料理法になる。

トンカツとの違いはまだあって、パン粉がきわめてこまかい。

油にバターを加える。

肉そのものに味（塩味）をつける。

こうしてできあがったものはどうなるか。

油は切れてないどころかコロモにじっとりしみこむ。パン粉がこまかいから肉にじかに到達してしみこむ。サクサクどころか油の切れてないべちゃっとしたものが、皿の上にべちゃっとのって出てくる。

これをべちゃべちゃ食べるわけだが、困ったことにこれがおいしい。

ウィンナ・シュニッツェルは仔牛という脂身のない肉を使うので、ロースカツのような脂身のおいしさは味わ

えない。

その脂の代わりに油とバターを肉自身にしみこませて肉といっしょに味わう。

そういう考え方の料理のようだ。

トンカツの場合の油は、料理の〝道具〟的なものであって、料理ができあがればもう要らないから網に立てかけたりして油を切る。

ウィンナ・シュニッツェルの場合は、油自体が調味料となって肉といっしょに味わうものとなっている。

すでに肉に塩、胡椒してあるから、ソースはかけない。

トンカツの場合のつけ合わせはキャベツの千切りだが、こちらはマッシュポテト。

ナイフで切り取って食べてみると、コロモが肉に密着していて、トンカツとコロモの関係とは明らかに違う。

コロモと肉が一体化している。

ほどのよい塩味、コロモと肉にじっとりしみこんだ油とバターの味、そして、かすかにチーズの香り。

噛みしめると塩と肉と油がビールを呼ぶ。

思わずビールに手が出る。

塩と肉と油をビールで洗うとまた皿の上に手が出る。

皿の上のものはどう見てもトンカツそのものである。

だが片やサクサク、片やべちゃべちゃ。

それなのにそれぞれおいしい。

こういう店にさっきのレポーターをつれていくと、

「べちゃっと揚がっていてべっちゃべちゃ。油が切れてなくてしつこくておいしーい」

え？　冷やしかつ丼？

夏においしい冷たい料理はいろいろある。

まずソーメン、冷やむぎ、冷や奴、冷やし中華、冷やししゃぶしゃぶ、それに宇宙飛行士の若田さんが地球に戻ったら食べたいと言っていた冷やしたぬき、たぬきとお友達の冷やしきつね……。

これらの料理はとにかく冷たい、うんと冷たいというところに意味があって、ソーメンや冷やむぎなどは氷まで入れてキーンと冷たく冷やしている。

だがよく考えてみると、いずれの料理も煮炊きした時点では熱かった。うーんと熱かった。

うんと熱いところを食べてもよかった、というか、そっちの食べ方のほうがむしろ主流だったものが多い。

ソーメンだって煮麺《にゅうめん》という食べ方があるし、たぬきそばは熱いほうが本家である。

冷や奴は別にして、あとは全部いっとき熱かったものを強引に冷やしたものだ。

許さんぞワシは！
冷やしかつ丼
出会えーッ
プスー
ピキッ

冷やしたぬきも、冷やしきつねも、ぼくの子供のころにはなかった。

もともと熱々で食べるものを、冷やして食べてみたらおいしかった、それで、いけるじゃないかということになった。

そうしてみんなに認められて生き残った。

つまり、いまある〝冷やし〟と称するものは勝ち組なのである。

このところ急浮上してきた冷やしラーメン、冷やしカレー、冷やしおでんなどは、勝ち組として残れるかどうか、これからが勝負だと思う。

もともと熱い料理が目下次々に〝冷やし〟に挑戦しているが、その中の一つとして登場してきたのが冷やしかつ丼である。

ドキッとしたんじゃないですか。

え？　冷やしかつ丼？　かつ丼を冷やして食べる？　駄目じゃないかそんなことしちゃ、と、怒りだした人もいるんじゃないかな。

かつ丼というものは、出来たての熱いやつをフーフー吹いたりして、アチチなんていったりしながら食べるものでしょうが。

時間がたって冷めたりしても味が落ちるのに、

「え？　冷やす？　わざわざ冷たくして食べる？　よしなさい、そんなこと、もう本当に怒るよ」

という人もいるかもしれないが、実際に冷やしかつ丼を作っちゃった店があるのだから、いまさらどうにもならないのだ。

「そうか、作っちゃったのか、作っちゃったのならどうしようもないが、オレは嫌だよ、冷やしかつ丼なんて絶対に食わんぞ。でも、どんなふうに冷やしてあるのか、どんなふうに食べるのか、おまえ行ってこい、行って食ってこい」

という成りゆきに当然なると思うので、

「じゃ、行ってきまーす」

JRの水道橋の駅のそばにある「かつ吉」という店。

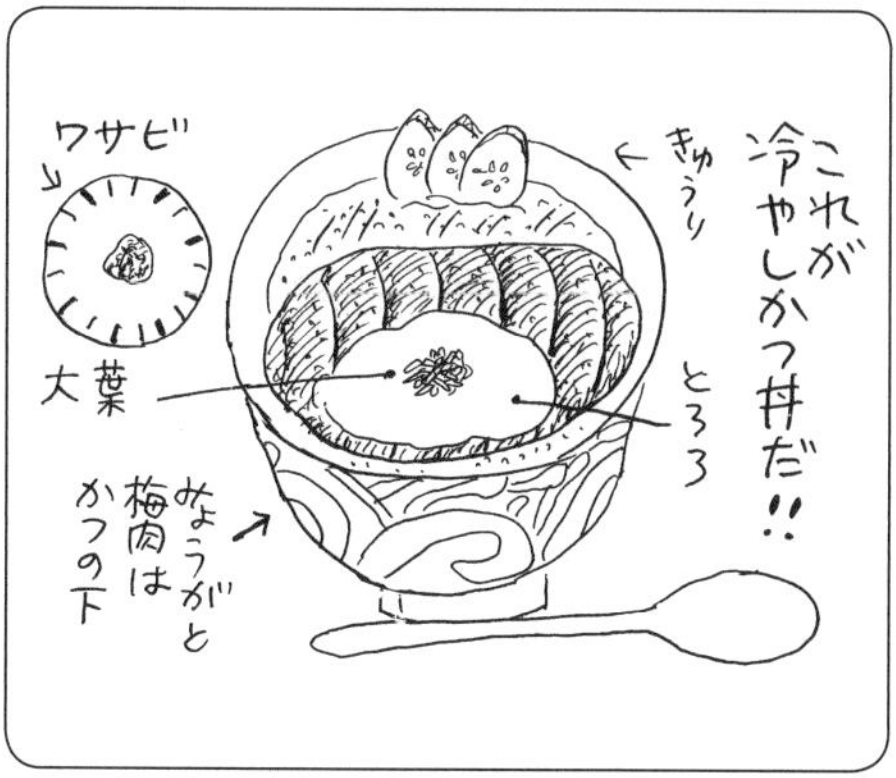

「かつ吉」といえばとんかつの店として有名で、テレビや雑誌などのとんかつ特集では常に登場する老舗。

天井に太い梁を使ったりした民芸風の大店。

店内広々、空間たっぷり、客多数。

冷やしかつ丼、1300円。

「おまたせしました」の声とともに出てきました、冷たいかつ丼が。

かつ丼はふつう湯気とともに出てくるものだが湯気なし。

して、上空から見た全容は。

丼の中に茶色いかつが横たわり、その上に白雲のごとくのっかっているのはとろろ。

そうか、いきなりとろろときたか。とろろの上には刻んだ大葉。これが緑。丼のフチに並べられた三枚のきゅうりも緑。

色どりよし、見栄えよし。

かつをめくってみると、そこにはみょうがと梅肉。別皿にすりおろしたワサビ。添えられているのがスプーン。

さあ、これらのものをどう操って食べていくのか。

丼のゴハンの表面すれすれのところまで半透明のかけ汁がかかっていて氷が二個、その上に揚げたてのかつがのっかっている。

だからかつの裏側は湿っているが表側は揚げたてのサクサク状態。

スプーンが添えられていることから考えると、お茶漬食い、というか、牛丼のつゆだく食い、というようなことになるようだ。

スプーンでかかっている汁を一口飲んでみると、ふつうのかつ丼にかかっている汁とまるで違う。

基本はかつ丼のつゆで、それにコンソメっぽい味が加わって薄まり、つゆというよりスープという感じで、さぞかし工夫を重ねたであろうという味わいになっていて、これだけ飲んでもおいしい。

とにかく自己流で食べるほかはない。

スープにひたったゴハンをスプーンですくって食べる。

うん、このスープはゴハンに合う。

スープにひたったかつを食べる。

うん、このスープはかつにも合う。

みょうがや梅肉をときにはスープに混ぜ、ときにはとんかつにのせ、ときには大葉とゴハンとスープをいっしょにすすりこみ、ワサビをちょっと効かせ、うん、これはこれでおいしいじゃないの、と言いかけて、ま、これはこれでおいしいんだけど、と言おうとして、いやいやこれでなかなか、と思い直し、もしかしたらこの冷やしかつ丼、勝ち組として残るかもしんないな、なんて思ったりしたのだが、浅慮、早計。「かつ吉」の冷やしかつ丼は、店のメニューとなってすでに七年、これまでに出た数三万食というから、すでに勝ち組となっていたのでありました。

ほとほとおいしいほうとう

「うまいもんだよ南瓜《カボチヤ》のほうとう」

というフレーズ、誰もが一度は聞いたことがあると思う。

山梨県の三大名物は、武田信玄、山梨ワイン、ほうとうであるが、その中の一つ、ほうとうのキャッチコピーとして知られている。

キャッチコピーというものは、大体大げさに、いくぶん押しつけがましい感じがするものだが、このキャッチコピー、なんだかおずおずしていて遠慮気味なところを感じませんか。

「食べてみると案外おいしいですよ」

というニュアンスを感じる。

〝案外〟というのは〔予測とくいちがうさま〕だから、

「あなたはうまそうに思わなかったでしょうが」

ということを言外に匂わせている。

人々はほうとうをどんなものだと思っているのだろうか。
「なんだか汁が濁っていてその上ドロッとしてるんだよね。麺も茹でずに入れるからぬめっていて、煮込んであるからコシがまるでなくてニチャッとしてる。具は野菜だけでしょ。里芋とか人参とかゴボウとか白菜とか。あ、そうそう南瓜。これがまた汁の中に煮溶けて汁が濁るんだよね」
と聞いて、

「ほう、うまそうじゃないの。そういうものならぜひ食べてみたいね」

と、ひと膝のり出してきた人はふつうじゃないです。

そういうもんならやめとく、というのがふつうです。

山梨県の三大名物には一つの特徴がある。

武田信玄も山梨ワインもほうとうも、その名前は誰もがようく知っている、だけどその実態はよく知らない、という特徴。

武田信玄は有名だが何をした人なのか、秀吉ほどには知られていない。

山梨ワインは知られているが熟知している人は少ない。

ほうとうも実際に食べたことのある人ってほとんどいないのではないか。

いかにもおいしそうなものならば、「そのうち食べてみよう」と思うものだが、なにしろドロッとしていてぬめっとして濁っているものを食べてみようと思う人はまずいない。

「そのうち」なんて言ってる人は、たぶん一生食べる機会はないと思うな。

であるからこそして風林火山、決断すること火のごとし、迷わざること山のごとし、思い立ったが吉日と、疾《はや》きこと風のごとく甲州料理の店に向かったのだった。

最近は、讃岐うどんのブームのせいもあって、うどんにうるさい人が急に増えた。

彼らがいちばん問題にするのはうどんのコシである。そしてキレ。

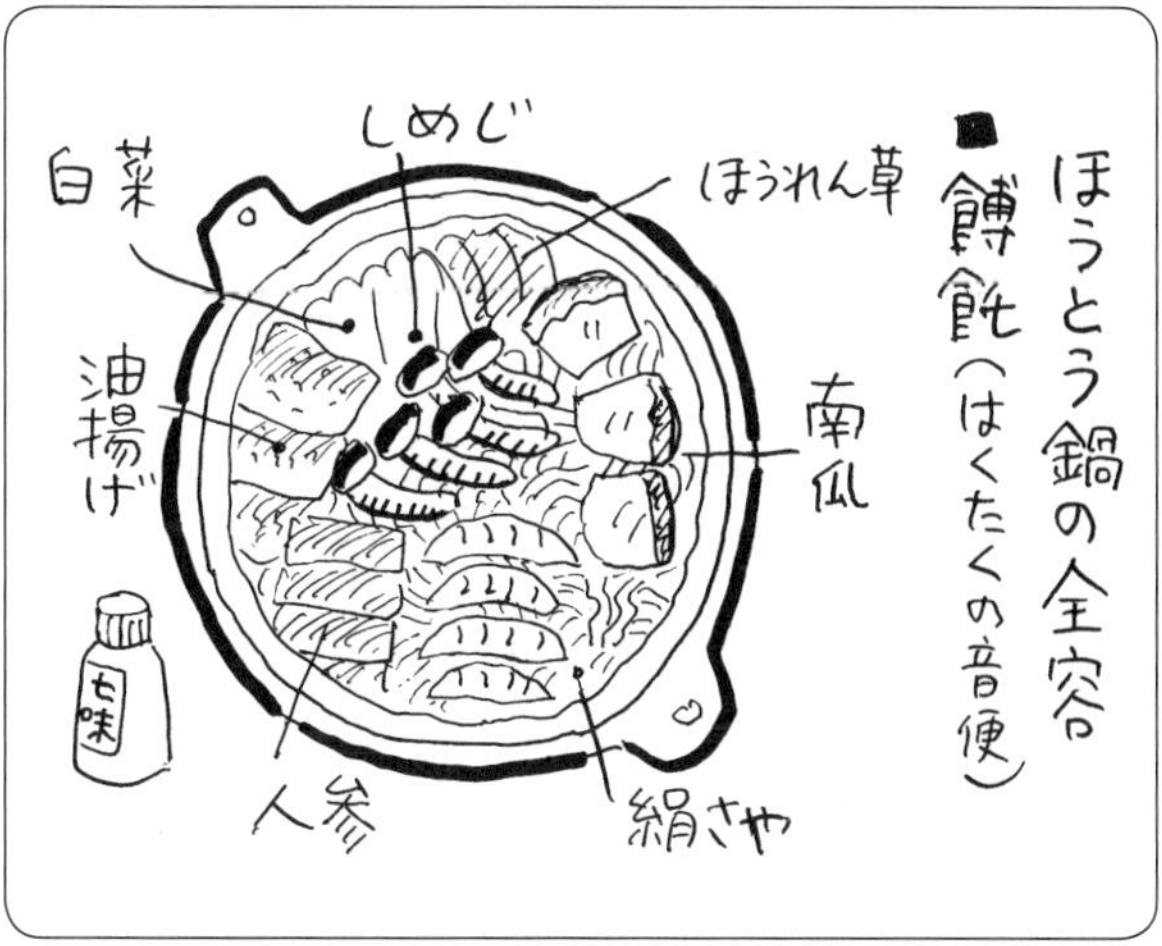
ほうとう鍋の全容
餺飥（はくたくの音便）
しめじ
白菜
ほうれん草
油揚げ
南瓜
人参
絹さや
七味

ツルツル感も大いに議論の的になる。

押し返し、なんてことを言う人もいる。

エッジなんてことを持ち出す人もいる。

コシもキレもツルもエッジもなく、押し返すこともないほうとうは、これから先どうやって生き抜いていったらいいのか。

四谷にある甲斐の郷土料理を名のる店に行った。

ほうとう鍋、１３００円。

この店の具は、白菜、人参、ほうれん草、しめじ、絹さや、油揚げ、そして南瓜。

具に決まりはなくて、そのへんにあるものの何でもいいそうだ。

肉っ気いっさいなし。

麺は１センチ幅の帯状でやたらにねじれている。味つけは味噌。

麺も味噌も山梨産を使っているという。熱くて湯気もーもー。

〝現代〟がどこにも感じられない本当にもう大昔からの農家の郷土食。

やっぱりなー、予想したとおり、こんなもんだろなー、と、うなだれてとりあえず麺をズルズル。

やっぱりなー、ニッチャリだよなー、と、一口、二口、三口と噛みしめていくと、そのニッチャリに少しずつ小麦粉の味がしてくる。

小麦粉を練った味がしてくる。その小麦粉を練ったものに味噌がしみ込んだ味がしてくる。野菜の出しの味がしてくる。

素朴、原点、本来、あるがまま。

そうしてこれが実に不思議なことなのだが、安心感が少しずつわき上がってくるのである。

まか不思議な安心感、この安心感はいったい何だ、という安心感。

コシもキレもツルもない麺に、少しずつ噛み応えが生まれてくる。

ねっちりねっちり、ゆっくり噛ませてくれる。噛むのをゆっくり待ってくれる。ドロドロと濁った汁は、ドロドロがゆえにおいしい。ドロドロと安心する。安心のおいしさというものがあるのだと、つくづく思いました。

「あらゆる料理は洗練を目指す」

とは、ラ・ロシュフーコーの言葉ではなく、わたくしの言葉で恐縮なのですが、洗練を目指さない料理がここにある。

洗練の極みの料理は、作り上げた〝人工〟に対する不安、すぐにも壊れそうな不安を呼ぶ。

ほうとうのような素朴食にはそういう不安がない。

そのことが安心を呼ぶのだろうか。

南瓜がまたいい位置にいるんですね。本来なら主役なのだがそういうふうには振る舞っていない。

一座の世話役？　後見人？　相談役？　そういう役どころが似合う人柄なんですね、南瓜は。

「いいことずくめだよ南瓜のほうとう」

君よ知るや春雨の素姓

なーんか細長いものをズルズルすすりたいな、と、ふと思うことがときどきある。
このときの細長いものというのは主として麺類である。
麺類ではあるが、麺類でないものも含まれているから厄介である。
並べていってみましょうか。
まずラーメン。
それからウドン。
そば。
ソーメン。
スパゲティ（スープスパゲティとか）。
ビーフン。
白滝。
春雨。

出かけます。
きょうのお昼はスープ春雨です。
カナシイ
ハラハラ
定年退職のおとーさん

後《あと》へいくほどモチベーションが低くなっていくのではありませんか。

このほか、冷や麦、くずきりなどというものもあるのだが、そのへんはオレ、どうでもいいや、という人は多いはずだ。

その、どうでもいいやゾーンの最右翼が、春雨ということになるのではないでしょうか。

春雨？　うーん春雨ねえ……。

春雨って、あれ、正式な食べ方ってあるの？

春雨はこう食べます、この食べ方が一番おいしいです、と断言できる食べ方。

たとえば、かなり順位が後のほうのくずきりでも、鍋です、鍋に入れて食べます、すき焼きの鍋のときなんかにも入れます、と、はっきり断言できる。

春雨のほうは、サラダにして食べてもおいしいですよ、スープにしてもいいです、炒めてもいいですよ、という言い方になる。

どうもはっきりしない奴なんですね、春雨は。

中学時代のクラスメートにあてはめてみましょうか。

中学時代の一クラス、たとえば三年A組ということで考えると、定員四十名、いちおう全員の姓ぐらいは頭に入っているが、名前となるとおぼつかない。

性格とか癖とか行動様式とかになるとまるでわからない。

会話も交わしたことがない。

毎日毎日顔をつき合わせているのに、朝「おはよう」の挨拶さえしない。

いまになって考えてみると、毎日顔をつき合わせている顔見知りなのだから、「おはよう」ぐらいは交わしてもいいはずなのに、お互いに完全無視。

挨拶ぐらいしとけばよかったな、と、いまにして思う。

つまり、春雨はそういう連中にたとえられる。

「三年細長ものズルズル組」のノー挨拶の連中。

いま、その春雨が、なぜか脚光を浴びて、スーパーの即席カップもののコーナーにズラリと並んでいる。

春雨スープは低カロリーでダイエットにいいらしい、ということでズラズラズラリと並んでいる。

でも、ぼくとしては、そのコーナーの前を通っても、中学時代のこともあるし、いまさらなれなれしくしづらい。

スープ系ばかりでなく、おかず系のカップも並んでいる。

「麻婆春雨！」とかテレビでよく言ってますよね。あのたぐい。

ためしにスープ春雨のカップを一個買ってきて、熱湯をそそいで三分待って食べてみた。

そうしたら、キミってそういう人だったんだ、

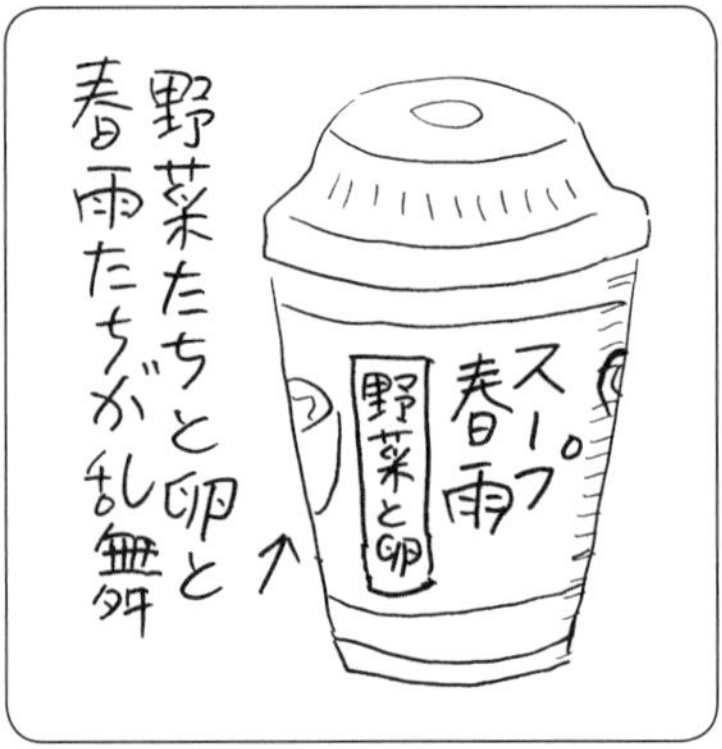
野菜たちと卵と
春雨たちが乱舞
スープ春雨
野菜と卵

こうして話をしてみると、なかなか味のある人じゃないですか、あのときは挨拶もしないでゴメンね、というようなことにはならなかった。

相変わらずはっきりしない人で、中華系のスープの中に、はっきりしない色と形でカップの底のほうに沈んでいる。

底のほうにいるらしいので、箸ですくって引き上げてみると、仕方なさそうに浮き上がってきて、

「いまさらわたしをどうしようというつもりなんですか」

というような態度をとる。

その「いまさら」という言い方に毒がある。

「やあ、こんにちは」

ぐらい言ったらどうか。

春雨の色と形は、なにしろはっきりしない人なので説明しづらいのだが、要するにトコロテンです。

トコロテンのように半透明で、トコロテンより細い。

ズルズルすすって噛んでみると、モチモチというか、ニョキニョキというか、ザキザキというか、要するにはっきりしない歯ざわりで、たとえばウドンのコシとか、ソーメンのツルツルとか、そういったはっきりした発言がない。

「何か言いたいことはないの」

と訊くと、

「あるけど言いません」

という態度に出る。

一体この人の出自はどうなっておるのか、とカップの側面を見ると、何とじゃが芋だという。

本物の春雨は緑豆という豆で作るのだが、カップもののほとんどがじゃが芋で、さつま芋を併用しているものもある。

か細く、しなしなとくねり、弱々しく振る舞っているあの春雨の実体は、むくつけきじゃが芋だったのだ。

NHKの大相撲の実況中継では、力士は「○○県出身、□□部屋」というふうに紹介されるが、春雨は「土ん中県出身、武骨部屋」だったのだ。

それなのに何ですか、いまのあの姿は。
力士でいえばヒゲモジャの高見山。
俳優でいえば三船敏郎。
その三船敏郎が、ジャニーズに交じってみんなと踊っている、そういうふうに見えます
よ、カップの中の春雨は。

十、肉食万歳

——なんだかんだで、やっぱりお肉だ！

銀座のまん中で馬を焼く

馬汁というものが突然出てきたわけです。

馬汁？　何それ？　あたしなんだかこわい、なんて怯える人もいるわけです。

だいいち何て読むのか。馬汁《うまじる》か、馬汁《ばじる》か。

いずれにしても馬の汁でしょ、馬が汁になってるわけでしょ、と、その人は肩をふるわせるわけです。

馬の汁はどこに出てきたのか。

飲食店のメニューに出てきた。

馬汁　四二〇〇円
と出てきた。

そのメニューを読んでいくと、

「六三〇〇円コース　突き出し　けとばし納豆　馬刺し　馬焼き盛り合わせ　御飯もしくはうどん」

銀座のまん中で堂々馬を焼いている人
オフコースッ
ニラ
玉ねぎ

というのも出てくる。

馬焼き盛り合わせって、あたし、恐ろしい、馬を焼いて盛り合わせてあるんでしょ、と、さっきの女の人はここで顔を両手でおおって泣き伏すわけです。

黒焦げになって煙をあげている何頭もの馬が、折り重なって盛り合わせてある光景を想像した人がいたとしても、誰も責めることはできません。

「どういう店なんだッ」

と、その女の人のつれが、女をかばってここで怒ることになる。

「『馬焼専門　銀座こじま屋』だッ」

と、こっちだって意地になって怒鳴り返すわけです。

とにかくその店に行って馬を焼いてきたんだから、こっちは。

それにしても穏やかじゃないな、なにしろ〝馬を焼く〟と言ってんだから、あっちは。

要するにこの店は、馬を焼く、すなわち馬肉を焼く、すなわち馬の焼き肉屋というわけなのです。

ふつう焼き肉といえば肉は牛肉だが、その牛肉を馬肉に置き換えた店。

だからカルビもあればタンもあるしレバ刺し、ホルモン（モツ）もある。

と、ここまで読んだ人は、うーん、でもなあ、馬を焼くというのはなあ、と、少したじろぐものがあると思う。

馬は人間と親しい。

馬といえば競馬を思い浮かべる人もいる。

馬は馬でもこっちはサラブレッドの世界で、一頭一億円という馬もいるし、ハイセイコーなんてことになると尊敬して拝んだりする人もいる。

そういう馬も焼いて食べちゃう。

いけないいんじゃないの、そういうことしちゃ。

じゃあ、うかがいますが、あなたは居酒屋なんかで馬刺しを食べたことあるでしょ。

「うん、ある。生はいいんだよ、馬は」

じゃあ、江東区の「みの家」とかで桜鍋を食べたことは？

「うん、ある。煮るのはいいんだよ、馬は」

というふうに〝焼く〟ということに抵抗を示す。

馬を焼いて食う、しかも都会のどまん中、銀座で焼いて食う。

『世界の中心で、愛をさけぶ』という本があったが、「銀座のまん中で馬を焼いて食う」のだからよけい抵抗をおぼえる。

「こじま屋」はなかなかの高級店。

カウンターと、焼き肉コンロをはめこんだテーブル席の高級造りの焼き肉店。

会社お偉方風の客が多い。

なんだかみんな元気、意気盛ん。店内は盛りあがっ

馬の焼き肉がはやってくると
馬カツ
馬丼
焼き馬
などもはやってくるであろう

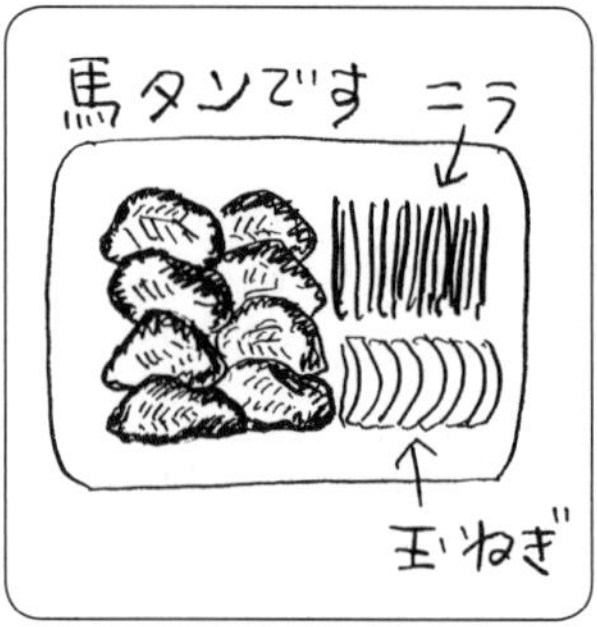

ている。

「元気ハツラツ？」「オフ・コースッ」の新庄君みたいにみんな元気溌剌。

馬はやっぱり馬力がつくらしい。

まずカルビ。

ここではタレは塩ダレ。ニンニクの匂いがする透明なタレ。

牛のカルビと馬のカルビはどう違うのか。

牛のカルビと同様脂の層がついた肉だが、その脂がとてもさっぱりしている。さっぱりしているが牛より弾力があり、牛の脂のようにグニョグニョしていなくてちょっとしたコリコリ感があって旨い。

鍋はジンギスカン鍋なのだが、鍋のてっぺんに肉を置いても脂が下にあまり流れ出てこない。

肉の部分は焼いてもあまり縮むことなく、脂の部分は脂というより油に近い。塩ダレが実によく合う。

牛よりさっぱり、旨味しっかり、塩ダレきっちりの総合の味がいい。

牛レバならぬ馬レバはどうか。

焼き肉屋で出てくる牛レバは、あのヌルヌル感が嫌という人が多いが馬レバにはそれがない。

ヌルッというより、どっちかというとツルッとしている。

血なまぐささもほとんどなく、これまたさっぱり感の強いレバーだ。

馬タンはどうか。

見た目は牛タンとそっくりだが、これもまたさっぱりしている。

牛タンよりもコリコリ感がある。

舌の根元のほうなので充分に脂がさしているのだがしつこさが少しもない。

ホルモンはけっこう匂いが強い。

いわゆるモツ煮込みなのだが、肉質はとても柔らかく、牛のようなコキコキ感が少ない。

そしていよいよ馬汁。

具は豆腐と油揚げ。馬肉は小片。味噌は麦味噌。

なんかこう猛々しいものを期待したのだが至ってさっぱりしていて〝大人しい豚汁〟のイメージだった。

じゃあ、あんまり旨くなかったのかというとそうではなく、とても馬かったのである。

ステーキはミディアム・レアで

「きょうは肉を食うぞ！」

と決めると気持ちが昂《たかぶ》ってくる。

「５００ｇぐらいのでっかいやつを食ったるで！」

と思うと、だんだん鼻息が荒くなってくる。

この場合の肉はステーキを指していて、

「豚コマを５００ｇ食ったるで！」とか、「牛と豚の合い挽き肉を５００ｇ食ったるで！」

ということではない。

やっぱりステーキ。

堂々、鉄板でジュージューのステーキ。

いったんステーキということになると、浮上してくるのが焼き加減の問題である。

レアか、ミディアムか、ウェルダンか、ということになっていく。

ミディアム・レアというものもあるよ、ということになっていって、

「焼き加減いかがいたしましょう」

ということになっていく。

ぼくの場合は常に、

「ミディアム・レア！」

と答えることにしている。

実際には、ミディアムとミディアム・レアの違いはほとんどわからないのだが、ミディアム・レアと答えたほうが、

「ウム、この客はデキル」

と思われるのではないかと思ってそう答えるのだが、実際にそう思われたかどうかはわからない。

さっき「違いはほとんどわからない」と書いたが、実際は「まったくわからない」。

店の人が、

「焼き加減いかがいたしましょう」

と三人の客に訊き、三人が、

「ミディアム」「レア」「ウェルダン」と答え、訊いたほうは厨房の人に、「ステーキ」と
だけ告げるという外国漫画があった。

（どう焼いたって、客はわかりゃしないんだよ）

というオチである。

自信を持ってください。

どうやら世界中の人がよくわからないらしいのだ。

だが、一度はっきり、三者の違いを知っておきたいな、と思ったことはありませんか。

え？　思ったことある？

思ったけど、その三つの違いを知るには少なくとも三回はステーキを食べに行かなければならない。

わたくしは経済的な事情で、ステーキは年に一回と決めている。

そうすると、三つの違いを知るのに三年かかる。

間《あいだ》を一年置くと、一年前の味の記憶はもうほとんどない。

したがって三つの味の比較は不可能である。

その通りだと思う。

その問題を、このぼくが解決してあげましょう。

どのように焼きましょうか？
心を込めて一生懸命焼いてください

つい先日ぼくが行ったステーキ屋は、その問題を三年どころかたった一日、たった一回で解決できます。

JR上野駅から歩いて三分の「ステーキカウンターポパイ」という店です。

この店ではステーキを自分で焼いて食べる。

この店のステーキは、四切れとか五切れとかに切ってある。

さあ、どうするか。

このうちの一切れを、まず自分でレアに焼いて食べる。

次の一切れをミディアムに焼いて食べる。

次の一切れをウェルダンに焼いて食べる。

どうです、たった一日、たった一回で積年の大疑問、三つの味の違いがわかるではありませんか。

鰻さえやっとというような鰻の寝床の細長い店で、カウンター九席。

客が入れ替わり立ち替わりの大繁盛の店。

特選ステーキの値段は、150gが1030円、200gが1180円。

この値段でゴハンと味噌汁とお新香がつく。

客の一人一人の前にガスコンロが置かれ、その上に大きな鉄鍋をのせ、そこで肉を焼く。

肉五切れ、肉のほかにモヤシ、ニンジン、ホウレン草。

肉もゴハンもなかなかおいしい
モヤシ
ホウレン草
ニンジン

目の前のコンロに肉と野菜の入った鉄鍋が置かれてバッチンと点火。

火はかなりの強火。

さあ、いよいよ世紀の大実験が開始されたのだ。なんだか胸がドキドキする。

鉄鍋が熱せられて肉がジューッジュー音を立て始めたので、とりあえず肉全員をモヤシの上に緊急避難させ、そこから一切れ一切れ焼いていくつもり。

まずレアの予定の一切れを鉄鍋の上にじかに置く。一切れがジュージュー焼けていく。

ここでハタと重大なことに思い当たった。

どのぐらい火を通したものをレアと称するのか。

そのことを焼いている当人が知らないのである。

いまか、もう少しあとか。

いまレアからミディアムに移行しつつあるところではないのか。

わからないまま、ただじっと見守るばかり。

わからないままそれを口に持っていく。

いま口の中にあるのははたしてレアなのか。

わからないまま次の一切れを鉄鍋の上にのせる。

どのくらい焼けばミディアムになるのか。

わからないまま見守る。

どのぐらい焼いたのがミディアムの味ということになるのか、それを知るためにこの店に来たのに、それがわからなくてはどうにもならない……ということがようくわかった。

恋しきレバ刺し様

世に盗人の種は尽きまじ。

世に贋作《がんさく》の種は尽きまじ。

贋作ということになると、まず絵画の世界。ゴッホの贋作、セザンヌの贋作。

陶磁器となると中国の青磁、加藤唐九郎の贋作。

書の世界も贋作が数かぎりなくある。

これらの贋作はもちろん犯罪で、いずれも大掛かりで、費用、人手、そして技術、いずれも規模が大きい。

レバ刺しの贋作もある。

O157問題で生レバーが食品衛生法によって販売禁止の見込みとなったが、でもどうしてもレバ刺しが食べたいという人のために、レバ刺しが贋作されることになった。

ニュアンスはちょっと異なるが、入れ歯も贋作である。

贋作の基本はとにもかくにも本物そっくりというところにある。

この人は窓辺にたたずんで何を偲んでいるのでしょうか
正解は「レバ刺し」です

本物と見分けがつかない、というところが本領である。

入れ歯は本物そっくり。

本物と見分けがつかない。

しかし本物ではない。

贋物《にせもの》ではあるが本物と全く同じ機能を有するという点では本物で、本物の贋物ということになる。

　ただ入れ歯の場合は、作る側に人を騙すつもりはなく、受け入れ側にも騙されたという意識はなく、双方了解ずみのことなので贋作事件として問題になったことはこれまで一度もない。

鰻も絶滅危惧化してきたので
人造蒲焼き
タラとコンニャクと豆腐で何とか

もちろん食品関係の贋作も事件になることはない。

食品関係の贋作は一般的にはコピー食品と呼ばれて流通しており、カニの贋作カニカマ、いまはあまり聞かないが人造イクラというのもあった。

昭和20年代、食糧不足を補うための人造米というのもあった。

お米ですよ、お米の贋作。

トウモロコシのでんぷんと小麦粉で、一粒一粒お米に似せて作った。

これまたニュアンスはちょっと違うが、自ら擬《もど》きと名乗ったガンモドキこそ贋作の元祖といえるのではないだろうか。

発泡酒というのもなんだかアヤシイなあ。

そうなってくると、養殖ものもアヤシイなあ。

タラの芽とか、蕗の薹とか。

話が逸《そ》れてきたので元に戻すと、こうしたコピー食品が生まれる要因は二つある。

一つは高価。

もう一つは品薄で入手困難。

レバ刺しのコピーに至っては、品薄どころか絶滅である。

食品衛生法による根絶である。

レバ刺しのファンは多い。

嫌いな人も多いことで知られているが、タレントの人気投票でもわかるように、人気上位のタレントは両方の上位にまたがることが多い。両方にまたがるレバ刺しの人気は実は相当高いのだ。

そうしたレバ刺し愛好者は、2012年7月1日からの禁止令によってレバ刺し愛好困難者になってしまった。

こうした愛好困難者のために、香川県の「ハイスキー食品工業」が立ち上がった。

どげんかせんといかん。

苦節十年、粒々辛苦、というには短い期間で、人造レバ刺し「マンナンレバー」を売り出した。

ネットでも、「注文殺到中のため、お届けまでに時間がかかることがあります」とあり、「話題騒然!」とあり、「味や見た目は『レバ刺しそっくり』!」とあった。

人造レバ刺し「マンナンレバー」は何で出来ているのか。

そうです、マンナンでおわかりのようにコンニャクです。

どんなものか調べてみる。

人造レバ刺しは切手2枚大、厚さ4ミリぐらい。

色は小豆色とチョコレート色の中間で本物そっくり。

原材料のところにトマト色素、イカスミ色素という文字が見えるから、これらを調合したらしい。

色、まず合格。

10切れで一袋になっていて、それを指示に従って皿の上に少しずつずらしてきれいに並べる。

見た目、うん、やっぱりコンニャクの域を出ないな。

上から、いっしょに入っていたゴマ油をかけまわす。

と、表面の油のテカリで一変、もはやレバ刺し。

そこへ、指示に従って白ゴマをパラパラ、更に刻みネギを散らすと、お、これはまごうかたなき本物のレバ刺し。

どう見たってレバ刺し。

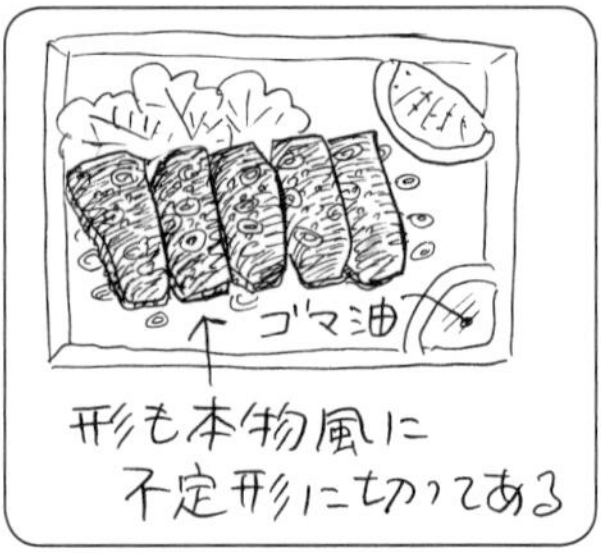

ゴマ油のまみれ具合が、レバ刺しを（じゃなかった）コンニャクをレバ刺しに見せている。

問題は味です。

本物のレバ刺しの、トロッとしたというか、ドロッとしたというか、あの独得の、上の歯と下の歯の間にはさまれてヌメヌメとすべりながらつぶれていく感触はちゃんと表現されているかというと、ま、そこまではいかないが、何とか近づけましたという努力のあとが見える。

レバーの味は血の味に近いが、そっちのほうも〈魚醬・昆布エキス・魚介エキス・酵母エキス〉などをやりくりしてそれなりの成果を見せている。ネット上の評判も、おおむね好意的で、けっこういける、という意見が多いようだ。

何しろレバ刺しはいまや絶滅の危機に瀕しているのだ。

食べようと思っても本物は食べられなくなるのだ。

久しぶりのレバ刺し体験。

食べていて懐かしかった。

追憶のなかにある在《あ》りし日のレバ刺しを偲びながら、一切れ一切れをしみじみ味わう。

偲び泣き、というのがあるが、偲び食い、というのもあるのだなあ。

佐世保バーガーに想う

とりあえず佐世保バーガーというものがあると思ってください。

本当にあるの？　なんて思わないでください。

本当にあるんですから。

佐世保バーガーはもちろんハンバーガーです。

もちろん佐世保が出身地です。

終戦後、基地の街・佐世保で、米軍兵士を相手に売り出され、その後、郷土食として定着したので佐世保バーガー。

その佐世保バーガーで、いま世間が騒いでいる。

でかい、でかいと騒いでいる。

でかくて楽しくて旨いと騒いでいる。

テレビで紹介しているのをチラと見たところでは、マックのダブルバーガーの三倍ぐらい大きい。

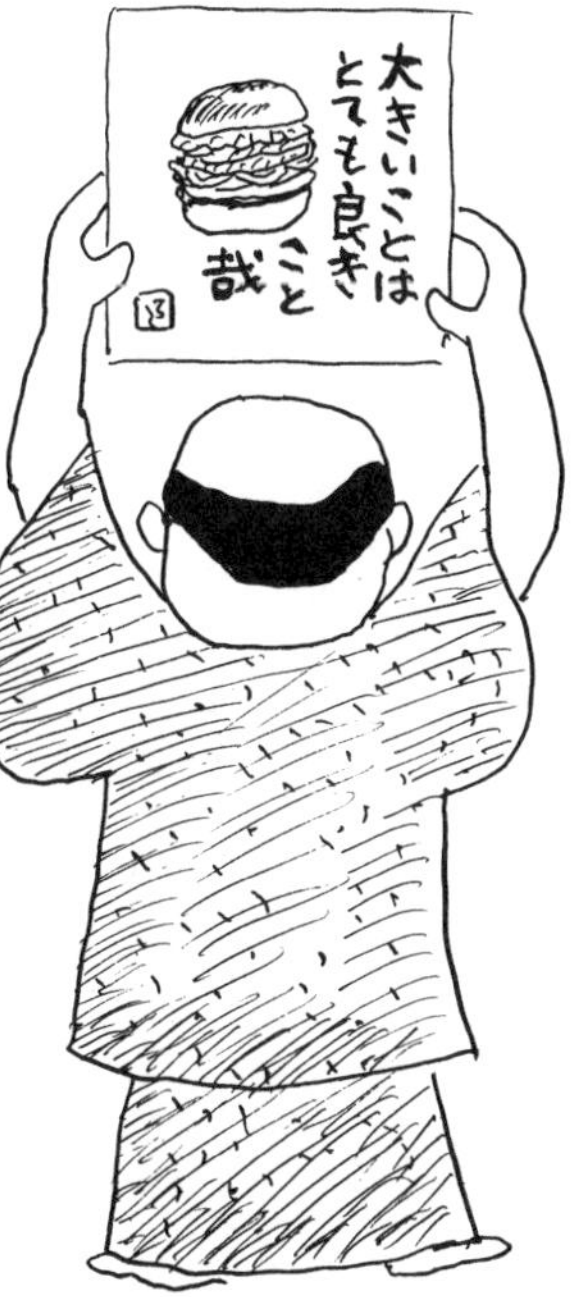

はさんであるのも多彩で賑やかだ。

何でもそうだが、こういう常軌を逸したものには楽しさがある。

ぼくの仕事場のある西荻窪から電車で三つ目の高円寺にも、佐世保バーガーの店があると知って急いで駆けつけた。

メニューを見ると、レギュラーサイズ　680円、ジャンボ　1260円とある。

もちろんジャンボを注文。

この店は注文があってか

ら、パンも具も鉄板で焼く。

温めるのではなく直接焼く。

パンを鉄板にのせて焦げ目をつけ、ハンバーグを焼き、ベーコンを焼き、ちょっと黄身をくずした目玉焼きを焼く。

したがって手に持ったとき熱い。包んだ紙の中から湯気が立ちのぼる。

はさむものは、いま書いたもののほかに、チーズ、トマト、玉ねぎ、レタス、そしてマヨネーズ、ケチャップたっぷり。

それにしても聞きしに勝るでかさ。

直径18センチ、高さ8センチ。

「高さ8センチ」を覚えておいてくださいね。

それより何より驚いたのはズッシリとしたその重さ。

手に持ったとき、「1キロぐらいあるんじゃないの」と思ったほどだ。

そのズッシリしたやつを両手で持って口のところへ持っていくのだが、なにしろ高さ8センチ、人間が開けられる口の大きさは5センチ、この3センチの差をどうする。

「つぶしながら食べてください」

と店の人が言う。

それはそのとおりなのだが、せっかくこうして高く積みあげたものを、むざむざ押しつぶすのは何とも惜しい。

何とか方法はないものか。

といったって、このまま口の中に押し込もうとすれば、鼻の穴のところまでパンがくるから息が苦しい。

仕方なく少しだけ押しつぶし、ようやく口の中に押し込む。

押し込んだまま、しばらくそのままにしている。

ハンバーグの香ばしさ、ベーコン、目玉焼きの匂い、パンの匂い。

ゆるゆると舌の上に流れ出てくるマヨネーズとケチャップ。

その全部が口のところで温かく、香ばしく、こうしてこのものをくわえたまま、五分ほどはじっとしていてもいいな、と思ったのだが、人も見ているし息も苦しいのでくわえた部分を噛み切る。

アグアグと噛みしめれば、口の中のあっちでベーコン、こっちでトマト、そっちで玉ねぎシャリシャリ、ハンバーグじっとり、マヨネーズ、ケチャップゆるゆる、目玉焼きホクホク、そして口の中一杯に広がるそれらから立ちのぼる湯気シットリ。

これらすべて、ハンバーガーが巨大なるがゆえにもたらされる口中の豊饒である。

噛み取ったものを噛みしめながら、噛み取った跡をそれとなく眺めれば、噛み取ったがゆえの混乱がそこにはあった。

もともと乱雑に積みあげられていた断層が、噛み取ったことによってゆがみ、ずれ、よじれ、はみ出し、垂れ下がり、そこには明らかに秩序の崩壊があった。

海苔巻きの太巻きの場合は、何回噛み取ってもそれなりの断層の美学は維持されるが、ハンバーガーはたった一回噛み取っただけで、あたり一帯はゴミバコ状態となる。

あたり一帯は混乱を極める。

「人間は混乱を目のあたりにすると、とりあえず秩序の維持を目指すが、それが不可能と知ると、とたんにその混乱に身を投じようとする傾向がある」

とはデカルトの言であるが（ウソです）、ぼくはそのゴミバコ化した断層を見たとたん、そっちのほうに身を投じた。

急に楽しくなった。

無秩序、混乱は意外に楽しいものなのである。

大雪の日、台風のとき、外へ出て行くの、なんだか楽しくありませんか。

ほんの少しワクワクしませんか。

台風とはちょっと違うが、ぼくは巨大ハンバーガーの混乱が急に楽しくなり、嚙みついては食いちぎり、また嚙みついては食いちぎりしているうちになんだか興奮してきてその速度がだんだん速くなり、食いつき方も激しくなり、狂おしいような気持ちになっていくのだった。

巨大ハンバーガーに激しく食いつきながら、しかしなんだな、オレってもともと秩序より混乱を好む人間なんだよな、しかしなんだな、ハンバーガーの食いかけのところを見てこんなことを思うなんて、オレってやっぱりフツーじゃないな、と、つくづく思うのだった。

〈初出〉「週刊朝日」連載（1987年1月2日・9日合併号〜）の
「あれも食いたい　これも食いたい」

東海林さだお　しょうじ・さだお
1937年、東京都生まれ。漫画家、エッセイスト。早稲田大学露文科中退。70年『タンマ君』『新漫画文学全集』で文藝春秋漫画賞、95年『ブタの丸かじり』で講談社エッセイ賞、97年菊池寛賞受賞。2000年紫綬褒章受章。01年『アサッテ君』で日本漫画家協会賞大賞受賞。11年旭日小綬章受章。

朝日新書
753
ひとりメシ超入門《ちょうにゅうもん》

2020年2月28日第1刷発行

著　者　東海林さだお

発行者　三宮博信
カバーデザイン　アンスガー・フォルマー　田嶋佳子
印刷所　凸版印刷株式会社
発行所　朝日新聞出版
〒104-8011　東京都中央区築地5-3-2
電話　03-5541-8832（編集）
　　　03-5540-7793（販売）

Published in Japan by Asahi Shimbun Publications Inc.
ISBN 978-4-02-295056-7
定価はカバーに表示してあります。
落丁・乱丁の場合は弊社業務部(電話03-5540-7800)へご連絡ください。
送料弊社負担にてお取り替えいたします。

朝日新書

新版 知らないと損する
池上彰のお金の学校

池上 彰

銀行、保険、投資、税金……生きていく上で欠かせないお金のしくみについて丁寧に解説。給料の決められ方、格安のからくり、ギャンブルの経済効果など納得の解説ばかり。仮想通貨や消費増税、キャッシュレスなど最新トピックに対応。お金の新常識がすべてわかる。

水道が危ない

菅沼栄一郎
菊池明敏

「日本の安全と水道は問題なし」は幻想だ。地球二回り半分の老朽水道管と水余り、積み重なる赤字で日本の水道事業は危機的状況。全国をつぶさにルポし、国民が知らない実態を暴露し、処方箋を探る。これ一冊で、地域水道の問題が丸わかり。

大江戸の飯と酒と女

安藤優一郎

泰平の世を謳歌する江戸は、飲食文化が花盛り！田舎者の武士や、急増した町人たちが大いに楽しんだ。武士の食べ歩き、大食い・大酒飲み大会の様子、ブランド酒、居酒屋の誕生、出会い茶屋での男女の密会――。日記や記録などで、100万都市の秘密を明らかにする。

朝日新書

寂聴　九十七歳の遺言

瀬戸内寂聴

「死についても楽しく考えた方がいい」。私たちはひとり生まれ、ひとり死ぬ。常に変わりゆく。かけがえのないあなたへ贈る寂聴先生からの「遺言」——私たちは人生の最後にどう救われるか。生きる幸せ、死ぬ喜び。魂のメッセージ。

知っておくと役立つ　街の変な日本語

飯間浩明

朝日新聞「be」大人気連載が待望の新書化。国語辞典の名物編纂者が、街を歩いて見つけた「まだ辞書にない」新語、絶妙な言い回しを収集。「昼飲み」の起源、「肉汁」は「にくじる」か「にくじゅう」か、などなど、日本語の表現力と奥行きを堪能する一冊。

中国共産党と人民解放軍

山崎雅弘

「反中国ナショナリズム」に惑わされず、人民解放軍の「真の力〈パワー〉」の強さと限界に迫る！　国共内戦、朝鮮戦争、文化大革命、中越紛争、尖閣諸島・南沙諸島の国境問題、米中軍事対立、そして香港問題……。軍事と紛争の側面から、〈中国〉という国の本質を読み解く。

早慶MARCHに入れる中学・高校
親が知らない受験の新常識

矢野耕平
武川晋也

中・高受験は激変に次ぐ激変。高校受験を廃止する有力中高一貫校が相次ぎ、各校の実力と傾向も5年前と一変。大学総難化時代、「なんとか名門大学」に行ける中学高校を、受験指導のエキスパートが教えます！トクな学校、ラクなルート、リスクのない選択を。

第二の地球が見つかる日
―太陽系外惑星への挑戦―

渡部潤一

岩石惑星K2‐18b、ハビタブル・ゾーンに入る3つの惑星を持つ、恒星トラピスト1など、次々と発見されつつある、第二の地球候補。天文学の最先端情報をもとにして、今、最も注目を集める赤色矮星の研究を中心に、宇宙の広がりを分かりやすく解説。

俳句は入門できる

長嶋 有

なぜ、俳句は大のオトナを変えるのか!?「いつからでも入門できる」「俳句は打球、句会が野球」「この世に傍点をふるようによむ」――俳句でしかたどりつけない人生の深淵を見に行こう。芥川賞&大江賞作家で俳人の著者が放つ、スリリングな入門書。

タカラヅカの謎
300万人を魅了する歌劇団の真実

森下信雄

PRもしないのに連日満員、いまや観客動員が年間300万人を超えた宝塚歌劇団。必勝のビジネスモデルとは何か。なぜ「男役」スターを女性ファンが支えるのか。ファンクラブの実態は？ 歌劇団の元総支配人が五つの謎を解き隆盛の真実に迫る。